AF355910

NOTICE HISTORIQUE

SUR

L'ÉTABLISSEMENT

DES

FONTAINES PUBLIQUES

DE DIJON.

RAPPORT

A L'ACADÉMIE DES SCIENCES, ARTS ET BELLES-LETTRES DE DIJON,

POUR

L'ADMISSION AU NOMBRE DE SES MEMBRES RÉSIDANTS

DE M. DARCY,

INGÉNIEUR EN CHEF DES PONTS ET CHAUSSÉES DE LA COTE-D'OR,

contenant UNE

NOTICE HISTORIQUE

SUR

L'ÉTABLISSEMENT

DES

FONTAINES PUBLIQUES

DE DIJON,

Par M. Victor DUMAY, Maire de cette ville,
et Membre résidant.

———————

DIJON,

FRANTIN, IMPRIMEUR DE L'ACADÉMIE.

——

1845.

RAPPORT

A L'ACADÉMIE DES SCIENCES, ARTS ET BELLES-LETTRES DE DIJON,

PRÉSENTÉ A LA SÉANCE DU 15 JANVIER 1845,

PAR M. Victor DUMAY,

CHEVALIER DE LA LÉGION D'HONNEUR, MAIRE DE LA VILLE DE DIJON,
BATONNIER DE L'ORDRE DES AVOCATS A LA COUR ROYALE,
ET MEMBRE RÉSIDANT,

POUR L'ADMISSION

DE M. Henri-Philibert-Gaspard DARCY,

Chevalier de la Légion d'honneur, Ingénieur en chef des Ponts et Chaussées du
département de la Côte-d'Or, et Membre du Conseil municipal de Dijon.

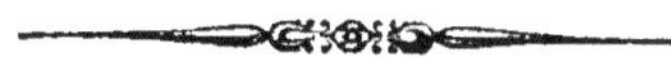

Messieurs,

Il est des positions exceptionnelles dans lesquelles les
mesures d'épreuve ou de garantie prescrites par les lois
et les réglements sont, non-seulement inutiles, mais
constituent des entraves fàcheuses dont on voudrait
pouvoir s'affranchir. Certaines vérités frappent tellement les yeux, qu'on les obscurcirait en cherchant à les
démontrer, et qu'on arriverait ainsi à substituer le
doute à l'évidence ; n'est-ce pas avec raison que, pour
prouver le mouvement, un philosophe de l'antiquité
se bornait à marcher?

Ces réflexions, Messieurs, se sont présentées à vos
esprits lorsqu'à la dernière séance, un homme que depuis longtemps vous désiriez compter dans vos rangs,
est venu vous demander à prendre la place qu'une mort
inattendue et à jamais regrettable a laissée vacante.
Vous auriez désiré, et la proposition en a été formelle-
ment émise, l'admettre sans préliminaire et par accla-

mation. Quel doute, en effet, pouvait s'élever sur la valeur des titres de l'ingénieur habile qui a doté si généreusement notre cité du magnifique établissement des fontaines publiques? Sa gloire, je ne crains pas de me servir de ce mot, est inscrite en caractères ineffaçables dans toutes nos voies publiques; à chaque pas elle frappe vos yeux, elle murmure constamment à vos oreilles. Ce n'est pas dans quelques écrits plus ou moins répandus, que nous avons à en rechercher laborieusement les preuves; elle se révèle par des bienfaits incessants de sécurité, d'agrément et de salubrité publique. L'admiration des étrangers et la reconnaissance de toute une population en déposent. Nous pourrions nous contenter de répondre à ceux qui nous demanderaient les motifs de notre détermination : Regardez autour de vous : *quæris monumentum?... Circumspice.*

Cependant il est quelque chose de non moins évident que les droits incontestés de **M.** Darcy à venir s'asseoir dans cette assemblée, c'est la nécessité de se conformer à la loi générale que nos prédécesseurs nous ont imposée et en vertu de laquelle nous siégeons tous ici. Quelque légitime que paraisse une exception, elle n'en est pas moins une violation du principe d'égalité, base immuable de toutes nos institutions, et qui, s'il pouvait souffrir quelques atteintes, devrait se retrouver au moins intact dans les corps savants dont il est l'ame. Enchaînés par les termes précis de votre réglement, vous avez dû faire taire vos sympathies personnelles et, au moment de la délibération générale, écarter le **vœu** que chacun de nous formait individuellement.

Un rapport doit donc vous être présenté sur les titres du candidat. Mais de quels éléments le composer? Appelé à l'honneur d'être l'organe de votre Commission, ma tâche, à force d'être simple, devient difficile. Vous parlerai-je de l'importance et de l'utilité de l'entreprise que M. Darcy a si heureusement exécutée? Mais les tentatives sans cesse renouvelées depuis quatre siècles dans le même but, et les plaintes universelles de tant de générations sur le précédent état de choses en témoignent assez hautement. — Louerai-je les talents qu'il a déployés dans ce gigantesque travail qui n'a d'analogues que chez les peuples anciens? Mais les résultats au-delà de toutes les prévisions, obtenus sans mécomptes, sans tâtonnements et sans erreurs, démontrent que la science a ici constamment dirigé la main, et que l'œuvre, dans son ensemble et ses détails, est sortie parfaite du cerveau de son créateur. — Vous entretiendrai-je de la persévérance, de l'activité, de la force de caractère, et je dirai même du courage qu'il a montrés dans l'exécution? Mais les difficultés matérielles, si heureusement vaincues, mais les difficultés morales bien autrement graves, que l'indifférence, l'incrédulité et la jalousie accumulaient sous ses pas, et qu'il a surmontées avec une rare énergie, attestent qu'en lui la grandeur de l'ame est alliée à la puissance du génie. — Enfin, Messieurs, releverai-je le noble désintéressement qui l'a porté à faire au profit de ses concitoyens le sacrifice de son repos, et à refuser le remboursement d'avances importantes que les études et de nombreux voyages ont entraînées? Mais cet acte de générosité qui démontre que chez les hommes d'élite la noblesse du cœur ne le cède pas à l'élévation de l'intelligence, est notoire pour tous et a été consommé d'une manière si facile et si naturelle que son auteur s'indignerait que je lui en fisse un mérite.

Reconnaissant qu'il serait superflu de louer devant vous qui en recueillez les avantages et qui depuis long-

temps en admirez l'étonnant succès, un établissement
que les villes du premier ordre nous envient, je me bor-
nerai, Messieurs, dans la nécessité où je suis de fournir
la carrière que votre indulgence a ouverte devant moi,
à vous retracer simplement l'historique de cette vaste
entreprise. Ici les dates et les chiffres seront plus élo-
quents que les paroles ; l'exposé des résultats attestera la
grandeur de la conception, et par la valeur de l'œuvre,
vous apprécierez beaucoup mieux que par les plus bril-
lants artifices du langage, le haut mérite de l'ouvrier.

La ville de Dijon, bâtie à l'entrée d'une plaine fer-
tile, au pied de côteaux depuis longtemps célèbres par
l'excellence de leurs vins, a toujours été renommée par
les avantages de son site, la salubrité de son climat,
l'élégance de ses constructions, l'agrément de ses promenades, le nombre et la beauté de ses édifices publics. Sous un seul rapport, elle avait à déplorer une
fâcheuse pénurie. Placée au confluent d'une **rivière**
dont la pureté est souvent altérée par les crues subites
et d'un torrent à sec près des deux tiers de l'année, elle
manquait de bonne eau potable ; des puits creusés dans
la marne ou dans un terrain de rapport perméable aux
infiltrations les plus dégoûtantes suffisaient à peine en
été aux besoins des habitants, et dans les autres saisons
ne leur fournissaient qu'une boisson malsaine et chargée
de principes calcaires ainsi que de substances animales
ou végétales en décomposition. D'un autre côté, un vaste
cloaque de plus de 1,300 mètres de longueur, pratiqué
sous les maisons dont il reçoit les immondices, ne pouvait être nettoyé et encore d'une manière très-imparfaite
que lorsque le torrent de Suzon, dont il forme le lit,
roulait jusque dans nos murs ses eaux enflées par les
neiges et les pluies d'hiver.

Depuis longtemps les magistrats municipaux cher-
chaient à remédier à ces graves inconvénients de nature
à compromettre la salubrité publique; dès le commencement du 15ᵉ siècle, on voit des tentatives pour rendre
pérenne le cours du ruisseau de Suzon, soit en enlevant
des obstacles qui se trouvaient dans son lit, soit en en
redressant les sinuosités, soit surtout en y déversant les
eaux de sources latérales qui se perdaient dans les terres.
Le célèbre Huguet Sambin qui, à l'exemple de Michel-
Ange, son maître et son ami, était tout à la fois ingénieur, architecte, peintre et sculpteur, fut le premier
qui signala en amont du village de Messigny comme
pouvant être utilisée, *une belle et grosse fontaine vul-
gairement appelée la fontaine de Rosay, dont les sorces
sont la pluspart bouchées de sable, argile, et encombrées
de limons de terre qui empeschent fort la dicte fontaine
de jecter et d'effluer son eault.*
Cependant ce n'est qu'à partir de 1606 qu'au lieu de
rapports superficiels faits par des commissaires que la
mairie nommait de temps à autre pour s'occuper des
moyens de fournir l'eau nécessaire à la ville, on trouve
des études sérieuses émanant d'hommes capables par
leur état de résoudre la question. Je ne vous présente-
rai pas l'analyse de leurs travaux dont l'historique a été
tracé avec une consciencieuse et impartiale critique dans
le Mémoire dont M. Darcy vous a fait hommage à l'appui de· sa demande en admission; il suffira que vous
sachiez qu'ils eurent successivement pour objet, le pa-
vage du lit de la rivière de Suzon, son redressement,
l'établissement d'un canal latéral, la réunion des petites
sources qui sortent du côteau au levant de la ville, l'é-
lévation des eaux de l'Ouche au moyen de la seule force
du courant, ou d'une machine à vapeur, la dérivation

de la fontaine de Newon, et en dernier lieu le forage d'un puits artésien. J'aurai seulement l'honneur de vous faire remarquer que l'Académie de Dijon ne resta pas étrangère à l'examen d'une question qui intéressait à un si haut point notre cité, et qu'à la séance du 4 mai 1764, le docteur Chaussier, son doyen, lut un Mémoire où après avoir critiqué l'idée de rendre pérenne le cours de Suzon, il adoptait celles de l'exhaussement artificiel de l'Ouche, et surtout de la dérivation au moyen de canaux de terre cuite, de pierre blanche ou de fonte, des eaux pures et abondantes de l'étang de Ste.-Foy.

En attendant l'exécution souvent promise, mais toujours ajournée d'un projet qui satisfît convenablement aux besoins de la population, on se borna soit à amener sur trois ou quatre de nos places au moyen de tuyaux de bois ou de poterie quelques sources voisines, que moins d'un siècle après on fut obligé d'abandonner à raison de leur insuffisance et de leur diminution toujours progressive de volume, soit à creuser dans nos rues, au grand détriment de la liberté du passage et de la sécurité, une centaine de puits dont heureusement les dernières traces disparaîtront bientôt.

Tel était sous le rapport des eaux, la déplorable situation de notre ville lorsqu'un jeune ingénieur déjà connu par d'importants travaux, notamment par l'établissement alors en cours d'exécution d'un magnifique pont à St.-Jean-de-Losne, conçut le projet de procurer à ses concitoyens un avantage qu'ils réclamaient inutilement depuis tant d'années. Sans autre mission que son patriotisme, sans autre encouragement que la conscience de son talent et de son énergie, sans autre espoir de récompense que la certitude de rendre un grand service, il se mit à l'étude. Après avoir exploré la campagne d'alentour, recherché dans les archives les projets de ceux qui l'avaient précédé dans la difficile carrière qu'il venait de s'ouvrir, avoir comparé et vérifié leurs résultats, pesé leurs avantages et leurs inconvénients, apprécié la dépense qu'entraînerait leur exécution, il fixa son choix sur la belle fontaine du Rosoir indiquée par Sambin, et proposa de l'amener dans nos murs par un aqueduc en maçonnerie d'une forte section. L'abondance de cette source jaillissant du pied d'un côteau que couronnent de vastes forêts, la pureté et la fraîcheur de ses eaux pérennes, la hauteur de leur point d'émergence au-dessus de la ville justifiaient sous tous les rapports cette préférence. Pour exposer son plan et en expliquer les moyens de réalisation, il rédigea le 15 décembre 1833, le Mémoire que vous avez sous les yeux, et qui restera comme un monument à jamais remarquable d'analyse, de sagacité, de jugement et de science.

Cet ouvrage, fruit d'un long travail et d'expériences multipliées, produisit une vive sensation ; le Conseil municipal auquel il était offert, l'examina avec l'intérêt que commandaient l'importance du sujet et le nom de son auteur. Sur le rapport d'une Commission, il prit, le 5 mars 1834, une délibération qui, en rendant hommage au talent et au désintéressement de M. Darcy, ordonna l'impression de son Mémoire.

Encouragé par cet honorable suffrage, notre zélé compatriote se hâta de compléter son œuvre, en dressant les plans et en établissant les devis et les conditions d'exécution. Son travail, d'abord soumis à une enquête locale, conformément à la loi, eut bientôt à subir la double et redoutable épreuve de l'examen par le Conseil royal des ponts et chaussées et par le Conseil d'état.

Partout il reçut l'accueil le plus flatteur ; un homme
que ses talents incontestés avaient placé bien haut dans
la science, M. de Prony, en annonçant à notre futur con-
frère l'adoption de ses projets, en fit un éloge qui dut être
pour celui qui avait su le mériter, une bien douce récompense de ses soins et de ses labeurs.

Restait à pourvoir à la dépense d'une aussi vaste entreprise. Un vénérable ecclésiastique dont le nom, je
l'espère, décorera bientôt un de nos monuments, avait
légué à la ville une somme de cent mille francs, destinée
à l'établissement de fontaines publiques. Malheureusement, la faillite du banquier, dépositaire de ses longues
épargnes, et divers paiements pour le forage d'un
puits artésien, avaient considérablement diminué le capital ; néanmoins ce qui en restait et qui était immédiatement disponible, offrait une précieuse ressource
que le Conseil municipal résolut d'utiliser selon les gé-
néreuses intentions du donateur ; les fonds du legs Audra, joints à des réserves alors en caisse et à un prélève-
ment annuel de 40,000 fr. sur les bonis des budgets
futurs, constituèrent les voies et moyens à l'aide desquels
on ne tarda pas à obtenir l'approbation du projet : elle
fut prononcée par une ordonnance royale du 31 décembre 1837, bientôt suivie d'une autre qui détermina
la quantité d'eau à céder à chacune des communes traversées par le ruisseau de Suzon, désormais privé d'un
de ses principaux affluents.

Après de nouvelles enquêtes, M. le préfet Chaper, dont
le souvenir à jamais cher aux Dijonnais, sous tant de
rapports, restera éternellement attaché à celui de l'é-
tablissement de nos fontaines, par l'appui éclairé qu'il
a prêté à la ville dans les conjonctures embarrassantes
suscitées par cette création, prit, le 24 novembre 1838,

un arrêté déterminant les portions d'héritages qui devaient être traversées par l'aqueduc. L'acquisition de ces parcelles, au nombre de 560, fut successivement faite des unes en sol et superficie, à l'effet d'y déposer le produit des fouilles qu'il eût été trop dispendieux de conduire au loin, et des autres en simple propriété tréfoncière, accompagnée de servitudes actives propres à faciliter la construction, la surveillance et la conservation des ouvrages d'art.

Les travaux adjugés dès le 19 juillet précédent, commencèrent, le 21 mars 1839, par la pose de la première pierre du réservoir près la porte Guillaume, et se continuèrent avec une activité que ne ralentirent ni des difficultés matérielles imprévues, ni la faillite de l'un des adjudicataires dont l'ingénieur n'hésita pas à remplir personnellement la tâche, pour éviter les retards d'une seconde délivrance.

L'aqueduc était près d'atteindre la source, lorsque survint un incident que rien ne pouvait faire présager. La fontaine du Rosoir, enclavée dans la forêt royale qui couvre le côteau d'où elle sort, semblait dépendre de ce bois, et, à ce titre, avait été cédée par l'État, moyennant une faible somme. La commune de Messigny, spéculant sur les embarras qu'elle pouvait causer à la ville, se prétendit en jouissance de l'emplacement du bassin, et à l'aide de titres et de faits jusque là ignorés, s'en fit maintenir en possession par une sentence du juge de paix, confirmée en appel. Force fut alors de recourir à la voie de l'expropriation pour cause d'utilité publique qu'admit un jugement du 26 août 1839, inutilement attaqué en cassation. Cette décision fut suivie, le 1er août 1840, d'une déclaration du jury, qui fixa l'indemnité réclamée, à la somme de 18,000 fr., dans la moitié de laquelle, au surplus, la ville parvint à rentrer plus tard, à l'aide d'un nouveau procès qu'elle poursuivit au nom de l'Etat.

Cet obstacle, de nature à donner de sérieuses inquiétudes, ainsi heureusement aplani, les travaux se terminèrent promptement, et, le 6 septembre 1840, le Conseil municipal, en présence de toutes les autorités de la ville, prit solennellement possession de la fontaine dont les eaux pures et abondantes furent amenées dans le réservoir de la porte Guillaume, aux acclamations d'une population étonnée qui, tant de fois déçue dans son attente, avait toujours désespéré du succès.

Aussitôt après, les travaux de distribution dans l'intérieur de la ville commencèrent ; un vaste système d'aqueducs se dirigeant vers chacune des six portes, fut établi sous nos rues pour renfermer les tuyaux de conduite, et recevoir en même temps les eaux des pluies et d'égout. Le 28 juillet 1841, au milieu des réjouissances d'une fête publique, une gerbe composée de 17 jets dont le principal dépasse 13 mètres de hauteur, s'élança majestueusement à l'entrée d'une de nos promenades, et depuis cette époque ne cesse de faire l'admiration des étrangers qui visitent notre belle cité.

Ce serait ici le lieu, Messieurs, en comparant à cette vaste et magnifique conception les mesquins projets antérieurs heureusement restés sans exécution, de décrire et d'apprécier en détail les immenses travaux qui nous ont procuré un aussi complet résultat, dont les bienfaits inappréciables s'étendront aux générations futures ; vous ne sauriez alors ce qu'il faut le plus admirer de la savante combinaison du plan, de la précision rigoureuse de l'exécution, de la masse imposante des ouvrages, de la rapidité sans exemple avec laquelle ils ont été achevés, de la solidité qui en assure la durée, ou enfin de la sage économie qui a présidé à leur construction. Mais le temps et, plus encore, les connaissances nécessaires me manquent pour remplir cette partie si intéressante de ma tâche ; je me trouve donc obligé, en me renfermant à regret dans les bornes étroites d'une nomenclature aride, de vous indiquer seulement,

Que la source dont le bassin a été creusé dans le roc d'un mètre 30 centimètres de profondeur, et dont par suite le débit a augmenté de plus d'un quart, est renfermée sous une voûte qui la préserve du contact de l'air extérieur, de manière à maintenir en toute saison sa température à 10 degrés centigrades au-dessus de zéro.

Que l'aqueduc de dérivation des eaux, voûté à plein cintre, présentant une section de 90 centimètres d'élévation et de 60 centimètres de largeur, se déploie sur une ligne de 12,695 mètres, et se trouve constamment recouvert d'une couche de terrain d'un mètre, sauf dans trois ponts-aqueducs traversant la rivière, et dans un intervalle de 160 mètres, immédiatement en amont du grand réservoir de la porte Guillaume, où il est supporté par une suite de 59 arcades apparentes.

Que ce réservoir, composé de deux berceaux de voûtes concentriques s'appuyant contre les parois d'un puits circulaire central que couronne un monument d'architecture, et communiquant entre eux par 24 arcades, offre un diamètre extérieur de 33 mètres 70 centimètres, et une capacité de 22 mille hectolitres.

Que l'aqueduc de l'intérieur de la ville, pavé en cuvette et garni sur une de ses parois de consoles de pierre, pour supporter les corps de distribution, a un mètre 75 centimètres de hauteur sous clef, 90 centimètres de largeur, et 5,543 mètres d'étendue.

Enfin, que les tuyaux de fonte d'un diamètre variant de 35 à 6 centimètres, présentent, tant sous galeries qu'en tranchées, une longueur de 11,611 mètres, et alimentent aujourd'hui, indépendamment d'un lavoir et du jet d'eau de la place Saint-Pierre, cent une bornes-fontaines dont la disposition habilement calculée et l'ingénieux mécanisme satisfont largement au triple besoin des usages domestiques, de la propreté des rues, et des secours en cas d'incendie.

Tels sont, Messieurs, les titres que l'honorable candidat soumet à vos suffrages. J'aurais pu et peut-être dû y joindre ceux qu'il s'est encore récemment acquis par ses courageux efforts et par ses laborieuses études, pour procurer à notre cité le bienfait de ces étonnantes voies de communication qui doivent en accroître l'importance et en décupler la prospérité; mais le simple exposé de tous les travaux d'une vie si jeune encore et si bien remplie, excéderait mes forces et fatiguerait votre bienveillante attention : car on se lasse même de louer et d'admirer.

Si les fonctions élevées auxquelles M. Darcy a été appelé par son mérite et la distinction flatteuse qu'il a reçue de la justice du Roi; si les témoignages d'estime et de gratitude d'une population entière; si l'honneur de siéger dans le conseil de la cité et celui que vous lui décernerez bientôt, en l'admettant parmi vous, sont déjà une digne récompense de ses éminents services, la postérité qui en recueillera, comme nous, les avantages, aura également sa dette à acquitter. Confiant dans ses sentiments généreux, qu'il me soit permis, Messieurs, de déposer ici le vœu qu'elle érige à sa mémoire un monument qui, en reproduisant ses traits, consacre en même temps par cette inscription, le bienfait et la reconnaissance :

PLEBS SITIENS GEMEBUNDA DIU , NUNC DESINE QUESTUS ,
PRÆBET AMICA NOVI DEXTERA MOSIS AQUAS.

Votre Commission, Messieurs, a l'honneur de vous proposer à l'unanimité l'admission de M. DARCY au nombre de vos Membres résidants.

NOTES ET PIÈCES JUSTIFICATIVES.

I.

Page 2, ligne dernière. ...*l'organe de votre Commission.*

Cette Commission nommée à la séance du 8 janvier 1845, se composait de MM. De Lacuisine, chevalier de la légion d'honneur et conseiller à la Cour royale de Dijon; Perrey, professeur de mathématiques spéciales au Collége royal, et professeur suppléant à la faculté des sciences de la même ville, et Dumay, chargé de faire le rapport (1).

II.

Page 3, ligne 26. ...*de nombreux voyages ont entraînées.*

La dépense des travaux excédant un million, les honoraires de l'ingénieur, d'après l'avis du conseil des bâtiments civils du 12 pluviôse an 8, se seraient élevés à plus de 50,000 fr.

III.

Page 4, ligne 2. .....*que les villes du premier ordre nous envient.*

Voici en quels termes M. le maire de Lyon, dans son savant

---

(1) En admettant M. Darcy au nombre de ses Membres, à la séance du 15 du même mois de janvier, l'Académie a ordonné l'insertion du rapport dans ses Mémoires, et un tirage à part.

et précieux rapport au Conseil municipal, sur l'établissement de fontaines publiques dans cette ville, parle des nôtres : « La ville » de Dijon plus heureuse (que celle de Bordeaux), a terminé » depuis quelque temps non-seulement toutes les formalités ad- » ministratives, mais encore tous les travaux de la dérivation » et de la distribution de la source du Rosoir, amenée d'une » distance de 12 kilomètres 1/2. C'est, grâce au zèle éclairé » de.... M. Darcy, ingénieur en chef de la Côte-d'Or, que » Dijon possède l'un des meilleurs services d'eau potable qui » existent en France et à l'étranger. On pourra apprécier les » avantages de cet admirable service, etc. » (Edition de Lyon, in-4°, 1843, pag. 166 ; et de Paris, in-8°, 1844, pag. 132).

IV.

Page 4, ligne 27. .....*que de substances animales ou végétales en décomposition.*

Depuis longtemps l'insalubrité des eaux de puits de Dijon avait été reconnue. Dans un Mémoire de 37 pag. in-8°, publié en 1762, sur l'eau de la rivière d'Ouche, que l'intendant de Bourgogne de Villeneuve se proposait de distribuer dans la ville au moyen d'une machine hydraulique, le savant médecin Fournier, membre de cette Académie, écrivait : « La dernière espèce » d'eau qui sert à notre boisson, est celle des puits.... toujours » malsaine, crue, pesante, terreuse... On est malheureusement » réduit à cette mauvaise espèce d'eau à Dijon, ville capitale » de la Bourgogne, la plus agréable et la mieux située du » royaume.... Cette ville renferme dans son sein tout ce qu'on » peut désirer pour les commodités et les agréments de la vie ; » mais nulle source d'eau vive pour désaltérer ses habitants, » nulle fontaine d'eau pure dans son enceinte, pour fournir une » boisson agréable et salutaire ; il semble que la nature ait voulu » balancer tous les avantages qu'elle lui a d'ailleurs prodigués, » et surtout l'abondance et la délicatesse du vin, par la priva- » tion d'une ressource si commune et souvent très-ordinaire dans » les endroits même les plus sauvages et le moins habités ; les » puits répandus dans toute son étendue, présentent des eaux » louches, nuancées, douceâtres, chargées de parties grossières

» et pesantes ; elles ont même, en certains quartiers, un goût
» désagréable et déposent constamment dans les vaisseaux où on
» les garde seulement deux fois 24 heures, un limon filandreux,
» blanchâtre, des concrétions pierreuses, et un sédiment d'une
» odeur forte qui avancent promptement leur corruption. Cette
» eau ne manque jamais de fatiguer et surcharger l'estomac lors-
» qu'on en boit pour la première fois, et ne peut qu'occasion-
» ner à la longue, bien des maladies à tous les citoyens qui en
» font leur boisson ordinaire.... A en juger par les effets qu'on
» a lieu de présumer qu'elle produit, elle doit avoir encore un
» caractère particulier, et un assemblage de différents principes
» qui en augmentent l'insalubrité et contribuent sans doute au
» gonflement des glandes du col, dont les personnes du sexe
» sont attaquées dans cette ville.... Il est certain que les couches
» de glaise, de marne, qu'on trouve dans le terrain de Dijon,
» communiquent à l'eau qui y passe et s'y filtre, une mucosité
» glaireuse et une matière saline grossière, propres à épaissir,
» engluer la lymphe et disposer cette humeur à s'arrêter dans
» les vaisseaux des glandes thyroïdes ou dans le tissu cellulaire ;
» la fraîcheur de ces eaux qui approche beaucoup de celle de
» la neige fondue, peut former de nouvelles présomptions assez
» fondées sur cette affinité, et nous porter à croire que la cru-
» dité, la viscosité, la fraîcheur des eaux des puits de Dijon,
» chargées de quelque substance saline, très-propre à coaguler,
» donnent naissance à ces petits goîtres.... » (Pages 21 et
suivantes).

Courtépée, dans le tom. 2, pag. 157 de sa *Description historique du Duché de Bourgogne*, publiée en 1777, dit également,
en parlant de la destruction des fontaines dont il sera question
plus bas, que « les habitants sont aujoud'hui réduits à l'eau sé-
» léniteuse et malsaine des puits. »

Pendant les 70 ou 80 dernières années, l'accroissement de la
population, l'établissement de manufactures insalubres et la
construction prescrite par les réglements de police de puits perdus
dans presque toutes les maisons, ont certainement encore contribué à altérer la qualité de l'eau.

V.

Pag. 4, ligne dernière. .....*enflées par les neiges et les pluies d'hiver.*

Le projet de la ville, compris dans les plans et devis de M. Darcy, est de supprimer ce cloaque d'une longueur de 1,305 mètres, rempli d'un à deux mètres d'épaisseur d'immondices, en substituant aux berceaux de voûtes simples, doubles, et quelquefois triples, qui en couvrent la plus grande partie, et qui construites successivement par chaque propriétaire, selon sa commodité, présentent, dans la direction et la pente, de nombreuses défectuosités, un aqueduc voûté, d'une dimension partout égale et d'une pente régulière, exclusivement destiné à l'écoulement des eaux pluviales des rues et places (1). A cet effet, un arrêté municipal du 11 juin 1842, rappelant dans ses considérants 42 délibérations de l'ancienne mairie, des lettres du duc Jean-sans-Peur du 11 mars 1411, et plusieurs arrêts du Parlement qui prescrivaient déjà diverses mesures de salubrité relatives à ce cloaque, ordonne la suppression des lieux d'aisances au nombre de plus de 160, et des innombrables égoûts d'eau ménagère qui s'y déversent. Cet arrêté vivement attaqué par les riverains intéressés, d'abord devant le ministre de l'intérieur qui deux fois a rejeté

---

(1) Sur les diverses directions du cours de Suzon dans l'intérieur de la ville, ses ramifications et les moulins qu'il mettait en mouvement, voyez le plus ancien plan de Dijon dressé en 1574 par Edouard Bredin, et inséré, tant dans la 2ᵉ édition de la *Cosmographie de Munster,* que dans l'*Origine des Bourguignons* de St.-Julien de Baleure; l'*Histoire de l'Abbaye de Saint-Etienne,* par l'abbé Fyot, et le plan qu'elle renferme, 1696; le plan scénographique dessiné et gravé par l'ingénieur Antoine, et joint à la *Dissertation* de Legouz de Gerland, *sur l'Origine de la ville de Dijon;* les *Essais historiques sur la ville de Dijon,* insérés dans l'Almanach de la province de Bourgogne, an. 1772, pag. 220; la *Descript. histor. du duché de Bourgogne,* par Courtépée, tom. 2, pag. 4 et suiv.; le rapport, avec plan, par MM. Vallot et Garnier, inséré dans le 1ᵉʳ volume des *Mémoires de la Commission des Antiquités de la Côte-d'Or,* 1840, pag. 181-194; enfin une notice lue à l'Académie, le 3 mai 1843, par M. Vallot, et publiée dans le n° 64 du *Spectateur de Dijon* du 7 du même mois.

leur pourvoi, les 5 août et 21 novembre 1843, et ensuite devant les tribunaux, a été, en définitive, déclaré légal et obligatoire par un arrêt de la Cour de cassation du 24 août 1843, annulant un jugement du tribunal correctionnel de Dijon du 23 mars précédent, qui en avait subordonné l'exécution à une question de propriété. (Le texte en est rapporté dans le *Recueil de jurisprudence* de Devilleneuve, tom. 43, 1re part., pag. 824).

Le canal dont il s'agit présentant une pente totale de 7 mètres 87 centimètres, depuis la tour de la Trémoille jusqu'à sa sortie sous le rempart de Guise (ou plus de 6 millimètres par mètre), sera constamment lavé, soit par l'eau s'écoulant des bornes-fontaines lors de l'arrosement journalier des rues, soit par celle de la source et du grand réservoir que l'on pourra y verser directement en totalité, chaque nuit, au moyen de l'une des ramifications de l'aqueduc de distribution qui y débouche dans sa partie supérieure sous la place Suzon, après avoir traversé la cour de Bar, la place des Ducs de Bourgogne et les rues Verrerie, du Champ-de-Mars et Neuve-Suzon.

VI.

Pag. 5, ligne 17. *...de jecter et d'effluer son eault.*

Ce sont les expressions du rapport dressé le 10 octobre 1561 par Huguet Sambin, de concert avec Aubert-Fleutelot, en exécution d'une ordonnance du vicomte-maïeur Benigne Martin, docteur en droit, du 1er du même mois ; ce passage du rapport se termine ainsi : « Et se icelle fontaine estait bien réparée, elle » pourrait rendre aultant d'eault que celle de Ste.-Foy, et y » aurait moyen de la conduire en tous temps jusqu'au village » de Messigny. »

L'importance de cette source avait été également appréciée par un sieur Chapus géomètre qui, dans un *Mémoire* in-4° de 14 pag., imprimé en 1775, *sur les moyens les moins dispendieux de fournir des eaux salubres et abondantes à la ville de Dijon, et curer son égoût principal,* s'exprime ainsi, après avoir parlé des fontaines de Newon ou de la Blanchisserie, de Ste.-Anne et de Larrey dont le volume diminuait déjà : « Il n'en est pas de

» même de la belle source du Rozoy, à 5,000 toises de la ville,
» et à 1,866 au-dessus de Vantoux. Elle a été remarquée cinq
» ans de suite dans les sécheresses de septembre, temps où les
» sources sont dans leur plus bas périgée ; alors elle peut faire
» aller un moulin ; elle a au moins quatre-vingts pouces d'eau,
» la plus limpide, la plus légère, et la plus saine qu'on puisse
» boire. C'est là un véritable trésor pour la ville....; et si l'on
» forme jamais le projet de lui donner des fontaines, c'est la
» seule qui puisse le remplir... » —« On ne peut, dit Courtépée,
» *Descript. hist. de la Bourgogne*, tom. 2, pag. 439, lire le
» mémoire intéressant de cet habile ingénieur, sans désirer de
» voir son projet exécuté. »

Chapus se trompait singulièrement sur le débit de cette fontaine qui, au lieu d'être de 80 pouces équivalant à 1,066 litres par minute, se maintient habituellement à 450 pouces (6 mille litres), s'élève souvent de 900 à 1,125 pouces (12 à 15 mille litres), et, d'après les jaugeages les plus exacts faits dans les premiers jours de septembre 1840, année d'une sécheresse extraordinaire, n'est pas descendu au-dessous de 3,500 litres par minute, ou 262 pouces 56 cent.

Des étymologistes font dériver les noms de *Rosay, Rosoy,* aujourd'hui *Rosoir,* des mots ROCHE-AQUE, *eau de la roche,* parce que effectivement la source sort d'un gros rocher qui s'avançait dans le cours de Suzon, et qui a été détruit en partie par des travaux exécutés à diverses époques. Lors de la construction de la voûte actuelle, on a enlevé deux ou trois bancs de pierre qui formaient le fond de l'ancien bassin, et qui présentaient ensemble une épaisseur d'un mètre trente centimètres. Cette opération, en diminuant la charge qui s'opposait à la sortie de l'eau, a porté à 3,500 litres par minute le débit *minimum* qui, d'après 22 expériences faites en 1832 et 1833, n'avait été trouvé que de 2,770 litres.

Aujourd'hui le bassin forme une échancrure, à l'aspect du nord-est, dans le pied du côteau ; il est situé sur la rive droite de la rivière de Suzon, à 795 mètres en amont du moulin du Rosoir, 2,949 mètres de celui de Messigny, et 5,422 de celui d'Ahuy.

VII.

Pag. 6 , lig. 2. .....*le forage d'un puits artésien.*

Une société de souscripteurs ayant conçu le projet de forer un puits artésien à Dijon , le conseil municipal, par délibération du 2 mars 1829, fixa la place Saint-Michel pour le lieu de son établissement et vota une première somme de 3,000 fr. à titre de contribution aux frais.

Les travaux commencèrent immédiatement; le 23 octobre suivant, l'excavation avait déjà cent mètres de profondeur. Le 6 août 1831 la sonde descendait à 150 mètres 72 centim. ; et quatorze mois après, le 4 octobre 1832, jour où elle fut retirée pour la dernière fois, elle était parvenue à 155 mètres 34 centimètres. L'eau s'élevait à deux mètres en contre-bas du pavé de la place, tandis que celle des puits voisins était à 9 mètres et 9 mètres 65 centim.

Les frais de ce forage se sont élevés à la somme de 31,244 f. 76 c., dans laquelle la ville a, en vertu de cinq délibérations postérieures à celle ci-dessus et en date des 23 octobre 1829, 28 mai et 2 octobre 1830, 1er août 1831 et 27 mars 1832, contribué pour 18,244 fr. 76 c. qui ont été prélevés sur les fonds du legs Audra.

Pour utiliser ce puits dont l'eau intarissable est aussi d'une excellente qualité, la ville l'a fait recouvrir pendant l'automne 1835 d'une voûte avec regard, près de laquelle s'élève un piédestal supportant un vase et renfermant une pompe rotative qui amène l'eau dans un petit bassin.

On a le projet d'adapter au piédestal deux ou trois jets continus de l'eau des fontaines dont la partie non employée serait absorbée dans un puisard qui existe à côté.

VIII.

Pag. 6, lig. 9 .....*l'exhaussement artificiel de l'Ouche.*

Ce projet d'employer l'eau de l'Ouche avait, d'après les ordres de M. Dufour de Villeneuve, intendant de Bourgogne , été étudié par l'ingénieur Thomas Dumorey, qui, selon son Mémoire en date du 27 avril 1762, proposait d'élever par 24 heures dans un réservoir de 138 mètres cubes, placé au-dessus de la tour de Guise, à 16 mètres en contre-haut du sol, pour être distribués en 12 fontaines, 134 mètres cubes d'eau de la rivière, au moyen d'une machine hydraulique mue par une des roues du moulin d'Ouche.

On se croyait tellement près de l'exécution que Claude-Philibert Fyot de la Marche, premier président honoraire du parlement de Bourgogne, en reconstruisant l'hôtel que Jean de Berbisey, son prédécesseur, lui avait légué, fit ériger en 1767, à l'extrémité du jardin donnant sur la rue Ste.-Anne, en face de la porte de l'hospice de ce nom, un obélisque destiné à recevoir une des fontaines projetées.

Cet obélisque qui existe encore aujourd'hui engagé dans le mur de clôture, devait être accompagné, de chaque côté, d'une grille infixée dans des pilastres surmontés de sphynxs jetant de l'eau dans des coquilles. Au pied auraient été les figures allégoriques de Suzon et de l'Ouche, et un agneau avec ce vers :

> Sans craindre ici les loups, l'agneau se désaltère.

Le dessus de la base devait être orné de deux médaillons de marbre blanc (encore aujourd'hui existants), représentant l'un la figure du président de Berbisey, et l'autre ses armoiries (une brebis), avec ces inscriptions,

Du côté de la rue :

> Citoyens fortunés, connaissez votre père.

Et à l'aspect du jardin :

> *Oscara lætus aquas urbis sic fundit in usus,*
> *Quam benè Berbiseus sic quoque fudit opes.*

Au pied de ce petit monument élevé d'après les dessins de Lenoir *le Romain*, et qui a été gravé au mois de septembre dernier, on a placé à la fin de 1843 une borne-fontaine.

IX.

Page 6, ligne 19. ...*toujours progressive de volume.*

Ces sources sont :

1° Celles de la *Ribottée* et de *Lochère*, près Montmusard, amenées en 1445 par des corps en bois au Champ-Damas (rue du Champ-de-Mars), reportées en 1515 près la tour St.-Nicolas, et détruites au mois d'août 1534. Le bassin en pierre qui les recevait au Champ-Damas, était orné d'un lion et accompagné d'une auge (1).

2° Celle de *Champmaillot*, autrefois de *Bergis* et depuis des *Suisses*, à laquelle on réunit plus tard celle du *Foulot* ou du *Foullet* située au-dessous, dans le clos de Champmaillot. Elles furent conduites vers 1534 sur la place St.-Michel ; supprimées et remplacées par un puits en 1590, rétablies en 1618, puis définitivement abandonnées en 1636. Le trop plein s'en écoulait par un conduit souterrain dans le fossé près la Porte-Neuve.

D'après un marché passé le 27 février 1534 avec Jehan Brouhée, maçon, cet entrepreneur s'engagea à « faire ung bassin de pierre
» d'Ix-sur-Thille, pour recevoir l'eauue de la fontaine Champ-
» maillot que l'on a faict venir en la place et marchief de St.-
» Michiel, près la croix, devant l'hostel de Pierre de Lusy,
» lequel bassin sera faict en rondeur qui aura de dyamètre dans
» œuvre 8 piedz 8 polces ; au milieu ung pillier de 14 polces
» carré qui aura 5 piedz de haulteur et rétressira ledict pillier
» 3 polces au-dessoubz de l'eauue sur lequel se mettra le signe
» de *Aquarius* (du verseau), qui aura 2 piedz 1/2 de hault,
» qui tiendra à chacune main ung bocal dont vuydera l'eauue
» audict bassin et aura la cherche d'icelui bassin d'ung pied à
» 10 polces de gros, et seront toutes les pierres, d'Ix-sur-Thille,
» bien et dehuement taillées et cymentées ; le tout, excepté le
» signe dudict *Aquarius* (payé à part), au prix de 50 livr.
» tournois. »

Il paraît qu'il y avait aussi un lion qui fut vendu le 21 juillet 1598, moyennant six écus.

______

(1) Délibérations de la chambre de ville des 29 novembre 1445, 4 septembre 1447, 17 mai 1451, 18 juillet 1455, 13 juin 1460, 6 juillet 1515 et 21 août 1534.

Sur la construction qui couvrait la source, on avait sculpté en 1584 les armes de la ville (1).

3° Enfin celle de *Saulon*, de *Montmusard*, ou de la *Motte St.-Médard* que l'on avait eu le projet d'amener dans le quartier St.-Nicolas en 1543, et que l'on dirigea en 1619 sur la place de la Ste.-Chapelle d'où le trop plein fut dérivé l'année suivante sur la place St.-Georges et de là sur celle des Cordeliers. Ces deux dernières fontaines ont été détruites en 1628, et celle de la Ste.-Chapelle en 1640.

Le bassin de celle-ci qui, dans l'origine, devait être surmonté d'un Jupiter avec son aigle, fut décoré, en 1621, d'un Hercule fondu avec le bronze provenant de deux canons fournis par la ville. Le bassin de la fontaine des Cordeliers fut abandonné aux Minimes qui le placèrent à Notre-Dame-de-l'Etang (2).

Plus anciennement, cette source et probablement aussi celle de Champmaillot, fournissaient l'eau nécessaire aux étuves ou bains publics qui, dès 1321, existaient à l'angle des rues Vannerie et Ribottée (depuis rue Chanoine et aujourd'hui Jeannin), et qui furent supprimées par ordonnance de la mairie du 29 juillet 1569, à raison des désordres qui s'y commettaient, *plusieurs servantes y ayant été débauchées* malgré les réglements de police des 18 avril 1410 et 6 mai 1412 qui assignaient pour leur fréquentation, aux hommes, les mardi et jeudi, et aux femmes, les lundi et mercredi (3).

------

(1) Délibérations des 21 août et 27 février 1534, 5 juin, 31 juillet et 16 octobre 1584, 14 décembre 1590, 12 octobre 1607, 7 janvier 1611, 22 avril 1619 et 27 septembre 1636.

(2) Délibérations des 17 avril 1543, 17 septembre et 29 octobre 1619, 22 mai et 26 juillet 1620, 26 octobre 1621, 18 août 1628, 28 septembre 1632, 17 avril 1634 et 10 février 1640. — Les registres de la mairie contiennent encore 96 autres délibérations relatives à l'entretien, aux réparations et à la police des diverses sources dont on vient de parler.

(3) Indépendamment de ces étuves et de celles que la duchesse de Bourgogne, Marguerite-de-Flandres, épouse de Philippe-le-Hardi, fit construire en 1387, dans la basse-cour de son palais de Dijon, et près desquelles s'ébattait dans un large bassin *le marsouin de madame la Duchesse* que son

En 1617, on avait eu l'intention d'amener, au-dessus de la courtine de Charlieu pour de là être distribuée dans la ville, la fontaine d'Ouche ou de Larrey; mais ce projet est resté sans exécution.

Tels sont les seuls documents que fournissent les registres de l'Hôtel-de-Ville sur « ces belles fontaines ornées de dessins et » de figures en relief, qu'au dire de Courtépée (*Descript. de la* » *Bourgogne,* tom. 2, p. 157), qui en cela a textuellement co-» pié un Mémoire du père Chenevet, inséré dans l'*Almanach* » *de la Province, an* 1772, page 221, on voyait autrefois dans » les places de St.-Etienne, de St.-Michel et des Cordeliers. » Selon ces historiens, « les temps de peste et de calamités qu'on » éprouva dans le cours de l'autre siècle (le 17ᵉ), les firent » négliger et dès-lors elles cessèrent. On a voulu les rétablir, mais » les dépenses qu'il aurait fallu faire pour en venir à bout, ont » forcé les magistrats de les supprimer et de détruire ces pré-» cieux monuments qui faisaient l'éloge de nos pères. » Sans nier l'influence des causes dont il s'agit, il est évident que la plus active est la diminution progressive du volume des eaux, phénomène qui ne peut être attribué qu'au défrichement si fâcheux des forêts, à la mise en culture des pâturages, au desséchement des étangs et des marais, et à la rectification du lit des rivières.

La même diminution se fait remarquer dans les autres sources qui existent sur le territoire de Dijon (1); les fontaines des

----

mari lui avait envoyé de Flandres, il y en avait encore deux autres publiques, les unes dites de St.-Philibert, situées rue de Cluny (aujourd'hui rue Cazotte), sur le cours du ruisseau de Raines, et les secondes rue du Marché-aux-Porcs (rue Verrerie), alimentées par la fontaine du Champ-Damas. (Délibérat. des 11 janvier 1544 et 19 août 1546) — Le 8 juillet 1446, la ville avait acheté d'Odo Douhay, moyennant 400 livr., un bâtiment au-dessus de la rue des Petits-Champs pour y établir déjà des étuves, ainsi que la maison dite *Maison de la ville pour les fillettes communes.*

(1) Le territoire de Dijon, d'une superficie totale de 4,032 hect. 86 ares, renferme d'assez nombreuses sources qui versent leurs eaux dans les trois bassins ou vallées de la Norges, de Suzon et de l'Ouche, dont les deux pre-

Chartreux et de Larrey, les plus abondantes, tarissent chaque été; celle Ste.-Anne, la plus pure, ne coule, comme celle des Suisses, que goutte à goutte, et se perdra complétement.

---

miers suivent la direction du nord au sud, et le troisième celle de l'ouest à l'est. Ce dernier et le précédent, dans lesquels le niveau des eaux souterraines de puits est à des profondeurs inégales, se prolongent distinctement sous le sol de la ville, quoique la chaîne de montagnes qui les sépare s'affaisse et disparaisse à la surface près du point où a été établi le réservoir des fontaines.

Voici d'après cette division naturelle, et en descendant chaque rivière successivement sur ses deux rives, à l'exception de la Norges, la nomenclature de ces diverses sources dont tous les produits réunis seraient bien loin d'atteindre, en été, celui de la seule fontaine du Rosoir.

1° BASSIN DE LA NORGES.

1° Fontaine *des Maupas*, près le chemin vicinal de Ruffey, dans le fossé duquel elle verse ses eaux peu abondantes (n° 13, section F du plan cadastral de Dijon).

2° *Du Saule*, près de la limite des territoires de Dijon et de Ruffey (185, F).

3° *Du Pré Bouillon*, près de la rente d'Epirey (190, F).

4° *Du chemin de Ruffey*, sur le bord du chemin le plus au levant conduisant à cette commune (133, F); elle est peu abondante.

5° *Des Champs-Renaud*, au point de jonction de ce chemin oriental de Ruffey et de celui de la rente d'Epirey. En vendant le pâquier sur lequel elle est située, la ville s'est réservé une mare de 240 centiares, joignant de couchant ce dernier chemin (201, F).

6° *Des Friandes*, à 140 mètres au nord du clos de Pouilly dans lequel elle entre (n°° 580 et 625, sect. E).

7° *De Pouilly*; elle est dans le clos de cette métairie appartenant à M. Henri Weiss (642, E). Son cours, après avoir alimenté une vaste pièce d'eau, traverse le chemin de Ruffey; elle tarit l'été.

8° *Des Ebazoirs* ou *Fontaine Soyer*, sur le côté sud du chemin de Montmusard à la rente de Cromois, près le territoire de St.-Apollinaire (160, K). Dans la loi du 9 octobre 1801, ce village est appelé *Fontaine-Soyer*.

9° *Du Reposoir*, sur le bord du petit chemin de Quetigny (K, vis-à-vis le n° 121).

10° *De Mirande*; elle est dans le clos de la maison de M. Cugnotet (218, K). Pendant trois mois il n'y a point d'eau.

11° *Du bois de Guyton* ou *du Pâquier de la Bataille* ou *d'Arceau*, sur le

X.

Page 6, lig. 22. .....*dont les dernières traces disparaîtront bientôt.*

Dans les registres de la mairie, on trouve, du 28 septembre

---

côté nord du chemin de Chevigny à Mirande, près de ce hameau (2, N). Elle est abondante et ne tarit jamais ; la ville se l'est réservée avec un espace de cinq ares autour, en vendant le pâquier le 27 avril 1844.

12° *De Morveau.* Elle remplit les fossés et alimente une pièce d'eau de la métairie de ce nom, ancien fief du célèbre chimiste Guyton (32 et 33, N).

11° BASSIN DE SUZON.
RIVE GAUCHE OU EST.

13° *Du Pâquier de Dijon,* au levant du chemin de Ruffey, sur un terrain communal ; elle est couverte d'un petit monument en pierres de taille élevé par la ville en 1838 (F, 279 *bis*).

14° *De la Boudronnée,* anciennement *Ribottée.* Il existe trois sources, une dans l'intérieur de la métairie et les deux autres en dehors, dans des terrains que la ville s'est réservés en vendant, le 27 avril 1844, le surplus des pâquiers situés au sud de cette rente (57, 58, 65, G). Elles sont assez abondantes et versent leurs eaux par un aqueduc dans le bras de Suzon dit des Terreaux.

15° *De la porte St.-Nicolas ;* elle est immédiatement en aval du pont à l'issue de l'ancienne porte de ce nom, sur la rive gauche du bras de Suzon qui fait le tour de la ville (419, H). Une voûte la recouvre ; on y descend par deux ou trois marches.

— Plus bas, dans le même lit, près de la voûte construite en 1841 pour la traverse de la route de Gray, on voit sourdre même fort avant dans l'été quelques petites sources qui ne paraissent être formées que par les eaux des fontaines de la Boudronnée et de Montmusard suivant souterrainement la tranchée au moyen de laquelle elles étaient amenées autrefois au Champ-Damas et sur la place de la Ste.-Chapelle.

16° *De Montmusard* (*Mons Musarum*) ou de *Saulon,* dans l'intérieur de ce clos créé par le premier président Fyot de Lamarche (100, 104, 113, 131, G) ; la pièce d'eau supérieure (ou petit étang) est alimentée par d'autres sources qui y prennent naissance, ainsi que par l'eau venant du climat des Lochères, au nord-est et sortant du finage de St.-Apollinaire.

17° *Du Foullet* ou *Foulot,* actuellement dans le clos de la métairie de Champmaillot (5, K), (*Campus a mallo*) ; elle fut réparée en 1584 et 1648 par la ville.

18° *Des Suisses,* autrefois *de Bergis* et *de Champmaillot* (18, K), a été

1464 au 17 mai 1760, quatre-vingt-quatorze délibérations de la chambre du Conseil, concernant la construction, l'entretien et la suppression de puits dans les rues et places de la ville; le 2

———————————————————————————————————

couverte d'une voûte par la ville en 1584, reconstruite en l'an x (1802). — Son nom actuel lui vient du camp qu'établirent sur le plateau d'où elle sort les Suisses qui, au nombre de 30,000 sous les ordres de Jacques de Watteville, assiégèrent Dijon du 8 au 13 septembre 1513.

19° *Du Creux-d'Enfer;* a été ornée d'une grotte en rocailles en 1823; elle alimente le bassin dit Creux-d'Enfer, dont le tour a été planté à la même époque de fort beaux arbres (48, L).

20° *Des Petites-Roches;* elles sont dans des terrains qui ont été vendus par la ville le 25 mai 1810 et où elles formaient de petits réservoirs ou mares (16, L, et 482 M).

21° *Des Groches,* près de la ruelle de ce nom, en remontant le chemin des Argentières (108, L); elle a trois sources successives, dont une seule, à environ 50 mètres du chemin, est pérenne; une délibération et une sentence de la mairie de Dijon des 9 juillet et 23 août 1755, condamnent un nommé Gaudelet à laisser de chaque côté un sentier de 4 pieds 1/2 de large (1 mètre 50 cent.), et ordonnent diverses réparations en maçonnerie.

22° *Des Péjoces,* à cent mètres au nord de la route d'Auxonne, sur le sentier communal qui y aboutit dit Ruelle des Péjoces (331, M). En 1838, elle a été couverte, aux frais de la ville, d'un petit monument en pierres de taille. Elle est fort abondante, et le long de son cours on a formé des jardins potagers à l'arrosement desquels elle sert.

23° *De Mande,* au nord et à peu de distance de la route d'Auxonne, sur un chemin communal dit des Cailloux (51, 58, M); elle est fort abondante et a été, aux frais de la ville, couverte en 1828 d'une voûte et pourvue d'un bassin, le tout en pierres de taille.

24° *Du Pâquier de Bray,* dans le pâquier appartenant à la ville, au sud et fort rapprochée de la route d'Auxonne, au point où cette route monte en déviant vers le nord (38, O); elle est très-abondante et une des plus fortes du territoire.

25° *Du Pont-Barreau,* sur le bord septentrional de la même route d'Auxonne, à l'entrée du Chemin aux Vaches (46, N); elle est pérenne, mais peu abondante. En vendant le 27 avril 1844 le pâquier joignant le chemin, la ville s'est réservé cette source avec un espace de terrain à l'entour.

RIVE DROITE OU OUEST.

26° *De Suzon, vis-à-vis Pouilly,* dans le cours même du torrent, au bas

juin 1579, on ordonne de combler celui au bas de la rue Verrerie dans lequel on a jeté un cadavre, et d'en creuser un autre
à proximité. — Par délibération du 4 novembre 1678, renou-

---

du talus du chemin d'Ahuy, à environ cent mètres en aval du pont situé
vis-à-vis Pouilly (28, C).

27° *De Suzon, près de St.-Martin,* aussi dans le cours du torrent, au
bas du chemin dit Ruelle St.-Martin, conduisant à Fontaine (93, C).

Ces deux sources, assez abondantes, paraissent sortir du côteau à l'ouest.

III° BASSIN DE L'OUCHE.
RIVE GAUCHE OU NORD.

28° *De Vaisson,* au-devant du moulin de ce nom, au pied du talus sud
de la route de Paris (22, 23, V); elle alimente un grand lavoir entouré de
pierres de taille.

29° *Des Perrières,* à l'extrémité ouest du communal porté sous le n° 237
de la sect. U du plan cadastral; elle est au fond des carrières et tarit par les
grandes sécheresses; on y descend par un escalier construit sous une voûte
qui la recouvre.

30° *De Champmol,* située dans le clos de l'asile départemental des aliénés
(ancienne Chartreuse, 736, V); elle est abondante, alimente un réservoir et se jette immédiatement dans l'Ouche à l'angle sud-est du clos de
l'établissement.

31° *Des Chartreux,* anciennement *de Raines (fons ranarum);* elle sort
par 7 ouvertures en pierre de taille du pied du talus de la route de Paris
par Auxerre, près de la porte de l'asile des aliénés (767, V). Immédiatement au-devant existe un vaste lavoir public et, plus bas, un abreuvoir (764,
V); elle traverse ensuite le jardin botanique et se jette dans l'Ouche pres-
qu'en face du grand déversoir du moulin de ce nom après avoir alimenté des
réservoirs à poisson; elle remplissait autrefois l'Etang-l'Abbé à l'ouest du
jardin botanique supprimé par convention intervenue les 7-15 août 1782
entre la ville et les Chartreux, homologuée par l'intendant Amelot le 4 mai
1786, et de là passait par un canal rectiligne au milieu de l'Arquebuse.

Plus anciennement réunie à une autre petite fontaine qui conserve encore aujourd'hui le nom de Raines (n° 33 ci-après), elle entrait dans la
ville par la tour de ce nom, parcourait l'enclos de l'abbaye St.-Benigne,
passait derrière le chœur de l'église St.-Philibert, longeait la rue du Tillot,
traversait la rue Cazotte et se jetait au Pont-Arnot (Pont des Arnots ou arcades) dans Suzon au point où son canal forme une sinuosité très-prononcée.
Lors de la nouvelle enceinte de la ville, il y eut entre la mairie et l'abbaye
de St.-Benigne, pour l'usage de ces eaux souvent employées à la défense de la

velée le 27 juin 1744, il est enjoint d'établir sur tous les puits publics des fermetures dont chaque voisin aura une clef, parce qu'il s'est trouvé des cadavres et des ordures dans ceux placés devant l'Oratoire et dans la rue Portelle. — Un arrêté du 1er décembre 1723, motivé sur le tarissement des puits, défend aux

---

ville, un procès sur lequel intervint une transaction à la date du 10 novembre 1429, qui en régla la propriété, ainsi que le droit de pêche et celui d'inondation. Cette fontaine est fort abondante, mais elle tarit l'été. Il paraît qu'avant l'établissement (de 1646 à 1677) de la route d'Auxerre située au-dessus, elle était pérenne.

32° Autre *des Chartreux;* elle est dans le clos extérieur de l'ancienne Chartreuse, entre l'asile des aliénés et le jardin botanique où son cours se réunit à celui de la précédente (750, 753, V); elle tarit aussi en été.

— Au fond du lit de toute la partie de l'Ouche qui, au sud, longe le clos de l'ancienne Chartreuse et particulièrement aux Creux dits des **Prêtres** et de l'Ouche, il existe des sources venant du côteau situé au nord, et dont la présence se révèle par la différence très-sensible de température **entre les** couches supérieures et inférieures de l'eau.

33° *De Raines,* sort à l'angle d'un clos situé dans l'ancien fossé de la ville aliéné par l'Etat le 25 août 1796, en face de l'avenue de l'Arquebuse, **sur** le bord du chemin vicinal de ceinture (804, 805, V), suit le mur **du** rempart, passe sous la porte d'Ouche et se jette à côté, dans le fossé de décharge de l'aqueduc de la rue Porte-d'Ouche. Comme il a été dit plus haut, elle se réunissait autrefois à celle des Chartreux (n° 31 *suprà*).

— On ne parlera pas de quelques sources, notamment de celle dite de *Touillon,* qui jaillissent dans le lit de la fausse rivière, le long du quartier de l'Ile, parce qu'elles ne paraissent être que des infiltrations du bief du moulin St.-Etienne qui est à un niveau supérieur.

RIVE DROITE OU SUD.

34° *Du Frêne* sur un communal, presque au sommet de la pente nord de la Combe-au-Serpent (242 X); même dans les plus grandes sécheresses, elle donne toujours un peu d'eau.

35° *De la Charpeignotte* sur la pente nord de la combe du même nom, dans une cerisaie (673 X); elle est très-faible, mais ne tarit pas.

36° *De la Carrière-Rollin,* assez bonne; est dans un creux, au fond d'une carrière (255 X).

37° *De la Carrière-Pillet* (255 X); est sous une voûte; on y descend par quelques marches; son eau se maintient à une température très-basse.

38° *Au Cayen,* près de la rente Boullemier (255 X); elle est sous une

habitants d'y puiser de l'eau pour d'autres usages que leur boisson.

Depuis l'établissement des bornes-fontaines, il a été successivement supprimé dans les rues et places, 73 puits. Ils n'ont point été comblés, mais seulement recouverts à un mètre au-des-

---

voûte de deux mètres carrés, dans laquelle on descend par quatre degrés; elle a été réparée en 1840.

39° *De Chatenay*; sort du mur d'un clos au nord de la rente de ce nom (453, X) et coule sur le chemin.

40° *De Girond*; elle consiste en un puits situé entre cette métairie et celle de Bel-Air (470, X), et dont le trop plein s'écoule par un conduit souterrain dans une mare en aval au sud près le chemin; ses eaux abondantes ne tarissent jamais.

41° *De Larrey* ou *d'Ouche*, anciennement *d'Oise* (610, V); elle a trois sources dont la principale sort sous une voûte construite par la ville, en 1761; son cours a 786 mètres d'étendue jusqu'au franc-bord du canal dans lequel il se jette; il est traversé à 628 mètres de la voûte par le pont de Larrey. Elle est très-abondante, mais tarit par les grandes sécheresses. Un habile fontainier de Montbelliard, nommé Flammand, appelé en juillet 1617 par la ville, pour lui procurer des fontaines, proposait de l'amener sur la courtine de Charlieu, pour la distribuer dans le quartier de la porte d'Ouche.

42° *Des deux heures*; elle est sur la pente nord de la combe Persil (400, X), coulant du nord au sud; elle traverse un petit communal où est une espèce de mare.

43° *Au Persil*; elle est à mi-côte sur la pente sud de la même combe (330, X); elle consiste dans un puits creusé dans le rocher, de 50 cent. de largeur, 70 de longueur, et 1 mètre de profondeur; on y descend par 4 ou 5 marches; son eau peu abondante ne tarit jamais.

44° *De Billenois*; sort du bas de la pente sud de la combe St.-Joseph (127, Y); elle verse ses eaux assez abondantes dans une mare de cinq mètres de diamètre. La propriété (ainsi que celle du terrain, de la contenance de 70 ares, d'où elle jaillit) en est assurée à la ville par un traité du 18 mars 1843, passé avec M. de Sassenay.

45° *Ste.-Anne*, sort du même côteau que la précédente, mais à un point plus élevé (139, Y); par le traité sus rappelé, la ville est propriétaire de 1 hectare 10 ares 40 centiares de terrain à l'entour. Son eau, la plus pure de toutes celles du territoire, est peu abondante, et est recueillie dans un bassin en maçonnerie qui sert d'abreuvoir. En 1824, la source a été renfermée sous du sol , de fortes dalles sur lesquelles passe le pavé qui indique leur orifice. Leur emplacement avec les cotes de distances des maisons voisines est d'ailleurs exactement figuré sur un plan. Plusieurs servent de puisards pour absorber l'eau qui s'écoule d'une manière continue des bornes-fontaines pendant les gelées.

---

dans un monument en pierres de taille, décoré de pilastres de l'ordre *pestum*, avec un entablement surmonté d'un fronton cintré.

— Pour compléter cette notice sur les eaux superficielles du territoire de Dijon, on ajoutera :

1º Que la rivière d'*Ouche* (*Oscara, Oscra, Oscia*), qui le parcourt de l'ouest à l'est, sur une longueur d'environ 8,100 mètres, en le divisant en deux parties inégales, et dont la source est à Lusigny, près de Bligny, arrondissement de Beaune, présente, d'après les expériences faites au moulin d'Ouche de Dijon, par M. Darcy, du 8 au 11 juillet 1833, pendant une très-grande sécheresse (pag. 59 à 95 de son Mémoire), un débit *minimum* de 23 mètres cubes par minute (1,725 pouces); que son eau de bonne qualité, mais souvent chargée de limon , ne gèle jamais, et a une odeur de marécage pendant l'été.

2º Que le *Suzon* (ou, selon l'usage à Dijon, simplement *Suzon*, sans article, *Susio, Sisunus*), est un torrent dont l'origine est à cinq kilomètres en amont du Val-Suzon, canton de Saint-Seine, et l'embouchure dans l'Ouche, au bas de la ville, après un parcours de 4,700 mètres sur son territoire; qu'à raison de l'intermittence de son cours et de la variation du volume de ses eaux, il est impossible d'en faire le jaugeage même approximatif.—*Nota*. Un bras connu sous le nom des *Vieux-Terreaux*, se détache du cours principal en amont de la ville, à côté de l'ancien couvent des Capucins, et se dirige de l'ouest à l'est dans l'Ouche, près Neuilly. C'est au bassin de ce bras ou thalweg, dont la longueur est de 6,300 mètres, qu'appartiennent les sources mentionnées sous les nᵒˢ 16 à 25 ci-dessus.

3º Enfin , que le *canal de Bourgogne* commencé en 1784 (la première pierre de l'obélisque sur le bassin de Dijon ayant été posée par le prince de Condé, le 24 juillet de cette année), a été ouvert à la navigation, pour la partie comprise entre Dijon et la Saône, le 14 décembre 1808, et pour celle entre cette ville et l'Yonne, le 2 janvier 1833; que dans son parcours de 5,600 mètres sur le territoire , il suit à l'ouest et presque parallèlement le cours de l'Ouche qui l'alimente.

XI.

Pag. 8 , ligne première......*Partout il reçut l'accueil le plus flatteur.*

Voici notamment les termes de la lettre adressée , le 13 mai 1836, à M. le préfet de la Côte-d'Or, par M. Legrand, sous-secrétaire d'Etat, directeur général des travaux publics :

« Le Conseil général des ponts et chaussées, appelé à examiner
» le projet relatif à la construction d'un aqueduc destiné à ame-
» ner à Dijon les eaux d'une des principales sources de Suzon,
» a signalé à mon attention le talent que M. l'ingénieur ordi-
» naire Darcy a apporté dans l'étude et la rédaction de ce
» projet, et le désintéressement qu'il a montré , en n'exigeant
» aucune rétribution pour ce travail important.

» Le zèle et les sentiments honorables dont M. Darcy a fait
» preuve dans cette circonstance, ne m'étonnent nullement, et
» ne peuvent qu'ajouter à la bonne opinion que j'avais déjà de
» ce jeune ingénieur. Je vous prie , M. le préfet, de vouloir bien
» lui témoigner toute ma satisfaction. »

XII.

Page 8 , ligne 11. ....*destinée à l'établissement de fontaines publiques.*

Etienne AUDRA, chanoine honoraire de la cathédrale, né à Dijon le 17 janvier 1734, y est décédé le 9 janvier 1823. Le legs qu'il a fait à la ville par son testament olographe du 1er février 1820 , et dont une ordonnance royale du 1er octobre 1823 a autorisé l'acceptation, est précédé du vœu suivant : « Je dé-
» sire depuis longtemps voir établir à Dijon des fontaines pu-
» bliques pour la plus grande salubrité de la ville et l'avantage
» des habitants. Il ne m'appartient pas de déterminer les places
» propres à cet établissement. C'est à l'autorité, aidée des lu-
» mières des gens de l'art, à rechercher et fixer ce qui convient
» le mieux pour l'utilité et la décoration. Cependant mon vœu
» serait qu'il y en eût une sur la place St.-Etienne, au coin de
» la rue de Lamonnoye, une du côté de la Poissonnerie, une

» sur la place St.-Jean et une sur la place anciennement appe-
» lée la place des Cordeliers. » (1).

La ville de Toulouse a placé sur son château d'eau des fontaines publiques une inscription en marbre rappelant le legs de
50,000 fr. qu'elle a reçu de Charles Lagane, l'un de ses anciens
capitouls, sous la condition de l'établissement de ces fontaines.
Tout récemment la ville de Reims a fait frapper une belle médaille
en l'honneur de l'abbé Godinot, qui a dépensé 700,000 fr. pour
procurer de l'eau à ses concitoyens. En pareil cas, la manifes-
tation publique de la reconnaissance est, non-seulement un devoir sacré, mais encore un moyen d'attirer de nouveaux bienfaits. Dans chaque ville, indépendamment des monuments extérieurs et des noms donnés aux rues et aux places, il devrait y
avoir à la mairie une salle dans laquelle on réunirait les statues,
les bustes ou les portraits des hommes célèbres, des bienfaiteurs
de la cité et des fondateurs d'établissements utiles.

XIII.

Pag. 8, lig. 27. .....*désormais privé d'un de ses principaux
affluens*.

Cette seconde ordonnance à la date du 19 septembre 1838,
fixe ainsi la quotité d'eau à laisser à chaque commune : 1/25 à

---

(1) Par suite de l'insolvabilité des débiteurs de la succession, la ville n'a
pu recueillir de son legs de cent mille francs qu'un capital de.   36,567ᶠ25ᶜ
dont les intérêts accumulés pendant 21 ans, ne se sont élevés,
en égard aux emplois successifs et aux chômages, qu'à. . .   44,393 11

En tout. 80,960 36

Qui ont été ou doivent être ainsi employés :
1° Dettes de la succession et frais. . . . .   1,639 »
2° Dépenses du puits artésien. 18,244 76
3° Paiements faits pour les fontaines. 38,962 76
4° Restant disponible à la caisse de service ou entre les
mains des notaires qui ont géré les fonds, pour être employé
à l'achèvement des fontaines. 22,113 84

Total pareil. 80,960 36

Messigny, — 1/141 à Vantoux, et 1/37 à Ahuy ; ou pour les trois, environ 2/27. (1).

Par un traité notarié passé le 17 décembre 1839, avec M. Détourbet, propriétaire à Vantoux, la ville lui a concédé à perpétuité, pour prix de droits qu'il accordait dans un vaste clos, quatre pouces d'eau, ou 53 litres, 32 par minute.

La quotité de ces distractions perpétuelles, les seules qui existent, et qui, dans les eaux les plus basses, n'équivalent pas à un onzième, est compensée et bien au-delà par des sources trouvées à quelques mètres en aval de la fontaine du Rosoir, dans un héritage de 37 ares 86 centiares acquis en pleine propriété par la ville, suivant acte notarié du 8 mars 1841, et dont le volume évalué à 1,200 ou 1,500 litres par minute, peut à volonté être introduit dans l'aqueduc par un vannage pratiqué à cet effet. Comme évidemment elles sont formées par les eaux de la rivière de Suzon qui, après être entrées en amont dans les sables, continuent souterrainement leur cours sur un lit d'argile, elles pourraient être considérablement augmentées, au moyen d'un barrage que l'on établirait à environ quatre mètres en contre-bas du sol, sur toute la largeur du vallon, et qui en dirigerait le produit dans l'aqueduc des fontaines.

XIV.

Page 9, lig. 9. .... *et la conservation des ouvrages d'art.*

L'acquisition de cette propriété tréfoncière porte sur un espace de deux mètres de large et a été faite aux conditions ci-après insérées dans les actes, tous passés pardevant notaires :

« Art. 2.—Le but de la ville, en faisant cette acquisition, étant d'établir dans ladite portion de terrain à un mètre au moins en contre-bas de sa surface, l'aqueduc destiné à amener les eaux de la fontaine du Rosoir, il est convenu comme condition essentielle

---

(1) Le puissant intérêt que, par l'effet de cette attribution fondée sur l'art. 643 du Code civil, les communes dont il s'agit ont à la conservation de l'aqueduc qui leur procure l'eau dont elles manquaient auparavant, est, pour la ville, la plus sûre garantie qu'il n'y sera causé aucun dommage ni commis aucune dégradation.

de la présente vente, que, bien que la ville ait la pleine propriété tréfoncière de l'espace ci-dessus cédé, cependant la partie venderesse, ainsi que ses successeurs et ayant-cause, à perpétuité, conserveront le droit d'en cultiver la superficie et d'en percevoir les fruits sans en payer aucun fermage ou redevance à la ville; lequel droit de superficie est réservé à ladite partie et à ses ayant-cause sous les conditions suivantes, qui sont toutes de rigueur :

1° Qu'ils ne pourront dans ladite portion de terrain, faire aucune fouille ni excavation, enlever aucune partie de la superficie actuelle, ni l'exhausser par des dépôts de terre, pierres, ou autres objets (1);

2° Qu'ils ne pourront y établir aucune sorte de constructions, encore qu'elles soient sans fondations, ni y planter aucun arbre ou arbuste de quelque espèce que ce soit, et notamment la vigne, ni même y cultiver des plantes dont les racines pénètrent profondément en terre, et pourraient atteindre la voûte de l'aqueduc (2);

3° Que la ville aura la faculté de placer, si elle le juge convenable, sur ledit terrain une ou plusieurs bornes pour indiquer la situation et la direction de l'aqueduc, et d'établir autour du pied desdites bornes un massif de maçonnerie en hérisson, dont la superficie, y compris l'espace occupé par la borne, sera d'environ un mètre carré (3);

4° Que la ville aura à perpétuité le droit de passer sur ledit terrain, et d'y faire les fouilles qu'elle jugera convenables, soit

---

(1) Extrait de la L. 11, ff. *comm. prædiorum.*

(2) L. 1, § 27, ff. *de aquâ quotid. et æstiv.* — Un arrêt du Parlement de Rouen de 1602 fait défenses à tous propriétaires de construire sur les aqueducs des fontaines publiques.

(3) Une sentence de l'Hôtel-de-Ville de Rouen du 20 janvier 1733, homologuée par le Parlement de Normandie le 6 février suivant, ordonne qu'à la diligence du maître des ouvrages de Rouen, il sera posé, de distance en distance, sur la superficie, des pierres en forme de bornes, pour marquer où sont les canaux dans les endroits jugés nécessaires, en y appelant les propriétaires des héritages traversés.

pour visiter, réparer ou reconstruire l'aqueduc, soit pour mettre à découvert les regards ménagés dans la voûte (1), à la charge, d'une part, de rétablir à ses frais en bon et dû état, autant que le comportera la nature du terrain, et avec le produit des fouilles, la superficie des portions qui auraient été creusées, bouleversées ou dégradées (2), et d'un autre côté d'indemniser le superficiaire du dommage réel et effectif qui serait causé à sa récolte ou à sa culture.....

» Art. 3. — A titre de servitude inhérente à la propriété du surplus de l'héritage dont partie est présentement vendue, et qui l'affectera à perpétuité entre les mains tant de la partie venderesse que de tous ceux qui, à quelque titre que ce soit, le posséderont après elle, il est expressément interdit aux uns et aux autres,

1° De faire des fouilles, fossés, fondations, puits et excavations quelconques, à moins de deux mètres de chacune des limites latérales de la parcelle présentement vendue ;

2° De planter des arbres à moins de cinq mètres, et des vignes et arbustes à moins d'un mètre, toujours à partir des mêmes limites (3).

Néanmoins s'il était reconnu que des plantations et ouvrages quelconques, effectués même au delà des distances prescrites au présent article, nuisissent à l'aqueduc de quelque manière que ce soit, la ville se réserve à perpétuité, au même titre de servitude, le droit de contraindre le propriétaire à les faire disparaître, enlever ou reculer de manière à prévenir tout dom-

---

(1) Coquille, question 75. — L. 11, § 1, ff. *com. prædior.*

(2) L. 1, ff. *de rivis*, et L. 1, § 6, ff. *de fonte.*

(3) D'après la loi 1re, § 2, Cod. *de aquæductu*, les riverains ne pouvaient faire de plantations qu'à 15 pieds de distance, *ne arborum radices fabricam formæ corrumpant*; par la loi 6, *eodem*, la distance avait été réduite à dix pieds (2 mètres 96 cent.) pour l'aqueduc d'Adrien.

Un arrêt du Conseil du 22 juillet 1669 défend de faire des aqueducs, plantations d'arbres et conduits à 15 toises près des fontaines (*suite du Tr. de la police* par Delamarre, tom. 4, p 586).

mage ou dégradation pour l'aqueduc, mais à la charge, dans ce dernier cas, de payer une indemnité réglée par experts.... »

Cette propriété tréfoncière ou souterraine, conférée à la ville par les traités dont il s'agit, est plus étendue et plus avantageuse qu'une simple servitude d'aqueduc dont l'établissement n'impose au maître du fonds que la charge de souffrir le conduit en maçonnerie et le passage de l'eau, en lui laissant la propriété et la disposition de tout le surplus. Ici, au contraire, c'est une véritable propriété, restreinte seulement dans sa dimension verticale, mais aussi parfaite que la pleine propriété, *plenum dominium,* pour la partie inférieure acquise par la ville. La propriété du sol s'étendant, comme le disent les jurisconsultes, *de inferis usque ad cœlum,* cet espace indéfini en hauteur et profondeur peut être divisé à un niveau quelconque au-dessus ou au-dessous de la superficie par un plan horizontal intellectuel ou même matériel ; ce mode de partage, déjà admis par les Romains, et dont les règles ont été tracées et les conséquences déduites par le célèbre Proudhon, ancien membre résidant de cette Académie, dans son *Traité de l'usufruit,* etc., ch. 97, n°s 3718 et suiv., est consacré dans notre législation nouvelle, notamment par l'art. 664 du Code civil, relatif aux divers étages d'une maison, mal à propos placé au titre des servitudes, ainsi que par la loi du 21 avril 1810 sur les mines, d'après laquelle la partie souterraine de l'héritage où se trouve le minerai est à perpétuité détachée du sol et se transmet, s'hypothèque et s'exploite indépendamment de celui-ci. Dans l'espèce présente, le plan horizontal séparatif est établi à un mètre en contre-bas de la superficie dont le niveau ne peut être modifié; tout ce qui est au-dessous et jusqu'à une profondeur indéfinie, appartient à la ville d'une manière aussi complète que si elle avait la surface; la partie supérieure reste la propriété du maître du fonds sous la charge de diverses servitudes nécessaires pour assurer la conservation et l'usage de la portion inférieure.

Les parcelles ainsi acquises n'ont que deux mètres de large sur toute la ligne qui, heureusement, ne traversait que des héritages ouverts, à l'exception d'un seul clos entouré de haies vives et en nature de terres labourables. Avec toutes les servitudes accessoires , elles ont été payées selon leur situation et leur qualité, moyennement de 18 à 30 centimes le centiare ou mètre carré pour les terres , et de 30 à 80 centimes la même contenance pour les vignes , non compris les indemnités pour privation de récoltes pendant le temps des travaux et du dépôt des déblais. Toutes les acquisitions , excepté celle de la source , ont été faites amiablement.

Quoiqu'en apparence fort minutieuses, les clauses prohibitives de plantations, constructions, fouilles, etc. , que renferment ces traités, sont de la plus haute importance dans l'intérêt de la conservation de l'aqueduc et du maintien de la pureté de l'eau. Pour s'en convaincre , il suffit de lire le rapport fait le 19 mai 1837, au nom d'une Commission, par M. Lenthéric, professeur à la faculté des sciences de Montpellier, sur le projet d'une nouvelle distribution des eaux de la source qui alimente cette ville (in-4° de 52 pag.). On y voit que, faute d'avoir pris autrefois de semblables précautions relativement à l'aqueduc de dérivation de 14,000 mètres de longueur établi il y a moins d'un siècle : 1° ses parois latérales surplombent par suite de l'introduction de racines d'arbres dans la maçonnerie , et doivent être reconstruites sur plusieurs points ; 2° des puits creusés à une trop petite distance ont déterminé des fuites ; 3° des enlèvements de terrain et des dépôts de fumiers sur la voûte ou les dalles de recouvrement, y occasionnent l'infiltration des eaux pluviales ou d'égouts ; 4° enfin l'établissement de clos empêche les agents et ouvriers de la ville de parcourir librement la ligne des travaux , et les assujettit à solliciter des propriétaires la permission de les visiter ou réparer ; graves inconvénients qui ne se présenteront pas pour l'aqueduc de Dijon, pourvu que les administrateurs futurs de la ville tiennent strictement la main à l'exécution des traités , et n'y souffrent , sous quelque prétexte que ce soit, aucune dérogation. A l'avenir, on pourra, comme aujourd'hui, suivre l'aqueduc dans toute son étendue, sans rencontrer d'obstacles, et même sans avoir à payer d'indemnités , si l'on ne fait les visites et les réparations qu'après l'enlèvement des récoltes de céréales.

XV.

Page 10, ligne 3. *...qu'elle poursuivit au nom de l'Etat.*

L'arrêt de la Cour royale de Dijon qui, en confirmant un jugement du Tribunal de première instance de la même ville du 16 décembre 1841, décide que le bassin de la fontaine du Rosoir est situé moitié sur la forêt royale et moitié sur un terrain à la commune de Messigny, a été rendu le 11 mai suivant.

C'est trois ans auparavant et le 16 mai 1839 que le juge de paix du canton nord de Dijon avait maintenu la commune de Messigny dans la possession de la totalité de la source; sur l'appel de sa sentence, le Tribunal de première instance l'avait confirmée le 30 août suivant.

Indépendamment de ces procès entre la commune de Messigny et l'Etat agissant dans l'intérêt de la ville, celle-ci, en son nom personnel, en a eu quatre autres à soutenir tant avec les propriétaires des moulins du Rosoir, de Messigny et de Vantoux, qu'avec celui d'un verger et d'un réservoir qui demandaient, les trois premiers, chacun 25,000 fr. et le dernier 15,000 fr. à raison du dommage qu'ils prétendaient que le détournement de la source du Rosoir leur causait. Ces demandes, après avoir été portées devant M. le Préfet qui, par arrêté du 16 janvier 1841, se déclara incompétent, ont été introduites devant le Tribunal civil de Dijon. Trois des demandeurs se sont départis de leur action par exploits du 31 décembre de la même année; la prétention du quatrième a été déclarée mal fondée, par jugement du 17 février suivant. On peut voir dans la seconde édition du *Traité du Domaine Public* de M. Proudhon, tom. 2, pag. 374 et suiv., les diverses questions de droit et de compétence que présentaient ces affaires.

Le pourvoi de la commune de Messigny contre le jugement d'expropriation du 26 août 1839, a été rejeté avec amende et indemnité à sa charge, par arrêt de la Cour de cassation du 4 février suivant. Sous ce rapport, la ville de Dijon a été plus heureuse que celle de Besançon qui, expropriant aussi une source pour l'amener dans ses murs, a vu casser deux procédures qu'elle avait faites successivement, et a été obligée de se pourvoir à son tour devant la Cour suprême pour faire admettre la troisième qu'elle avait recommencée (Arrêt du 20 juillet 1841. — *Recueil de Devilleneuve* , 41-1-665).

XVI.

Pag. 10, lign. 8. ...*En présence de toutes les autorités de la ville.*

Les personnes qui, le dimanche 6 septembre 1840, ont assisté à la prise de possession de la fontaine du Rosoir, sont : *membres du Conseil municipal,* MM. Victor Dumay, maire; Darcy, ingénieur en chef des ponts et chaussées; Gaudelet, Gaulin, Josselin, Henri Weiss, Genty, Bavelier, Belot, Monnet, Sirodot, Lavalle, Joliet, Gacon et Forgeot. — *Personnes invitées,* MM. le comte Eugène Merlin, pair de France, lieutenant-général, commandant la 18e division militaire; Nepveur, premier président de la Cour royale de Dijon; Nau de Champlouis, pair de France, préfet du département de la Côte-d'Or; Saunac, député de la Côte-d'Or, membre du Conseil général du même département; Tisserandot, conseiller de préfecture, secrétaire général; Bonnetat , inspecteur divisionnaire des ponts et chaussées; Dequet , conservateur des eaux et forêts; Busset, ingénieur en chef du cadastre; Delaporte , ingénieur en chef du canal de Bourgogne; Aubertin , ingénieur ordinaire des ponts et chaussées; Guillebot de Nerville, ingénieur des mines; Delzons, capitaine d'état major , aide-de-camp de M. le général Merlin; Roydet, conseiller d'arrondissement, et Guzowski, conducteur en chef des travaux des fontaines.

Après un banquet donné sur les bords de la fontaine du Rosoir par les membres du Conseil municipal aux personnes invitées, et une distribution de gratifications aux ouvriers, les eaux, jusque là déversées dans le lit de la rivière, ont été introduites à midi dans l'aqueduc, et sont arrivées au premier pavillon en amont du réservoir de la plate-forme à trois heures trente-trois minutes de l'après-midi , sans avoir éprouvé de diminution dans leur volume, ni de changement dans leur température alors trouvée de 10 degrés centigrades.

XVII.

Pag. 10, lign. 23. *...des étrangers qui visitent notre belle cité.*

Le 1ᵉʳ mai 1841, lors de la pose de la première pierre du petit caveau ménagé au-dessous du centre du bassin circulaire de la place Saint-Pierre, il a été placé, avec une série de toutes les monnaies de France frappées dans l'année, depuis la pièce de 20 fr. jusqu'à celle de 25 centimes, une plaque en cuivre portant, outre la date, le nom du roi et ceux du préfet, du maire et de ses adjoints, l'inscription suivante :

« Les eaux de la source du Rosoir, amenées à Dijon pour l'é-
» tablissement de fontaines publiques, par un aqueduc souter-
» rain en maçonnerie de 14,205 mètres de longueur jusqu'à ce
» bassin (1), fournissent par minute 120 hectolitres en hiver,
» et 35 hectolitres en été.

» Les travaux commencés le 21 mars 1839, et dont la dépense
» s'est élevée à environ 700,000 fr., ont été faits dans le cours
» de deux ans, aux frais de la ville, par les soins de l'adminis-
» tration municipale, avec le concours de M. P.-A.-M. Chaper,
» alors préfet de la Côte-d'Or, d'après les projets et sous la di-
» rection et la surveillance de M. Henri-P.-G. Darcy, ingénieur
» en chef des ponts et chaussées, qui a gratuitement et géné-
» reusement consacré à cette entreprise son zèle et son talent. »

XVIII.

Pag. 10, lign. 26. *...les mesquins projets antérieurs.*

L'un des plus réalisables était celui de l'ingénieur Thomas Dumorey (voy. *suprà,* note **VIII**). Et cependant combien il y a

---

(1) D'après le mètré fait avec la plus grande exactitude pour la réception définitive des ouvrages, la distance entre la source la longueur de son bassin comprise, et le centre du bassin de la place St.-Pierre, est exactement de 14,224 mètres 90 cent. Voy. *infrà,* le tableau de la Note **XXII**, § 1.

loin des 134 mètres cubes en 24 heures, ou 93 litres 05 centi-
litres par minute [moins de 7 pouces (1)] d'eau de rivière non
filtrée qu'il avait pour objet d'élever à 15 mètres 50 cent. au-
dessus du point le plus bas de la ville (niveau du sous-bief du
moulin d'Ouche au pont Aubriot), au moyen d'une machine
exposée à des dérangements et nécessitant un entretien dispendieux, à l'énorme quantité de 5,040 à 17,280 mètres cubes en
24 heures, ou 3,500 à 12,000 litres par minute (262 pouces 1/2
à 900 pouces) d'eau pure, fraîche et d'une température constante, amenée naturellement à près de six mètres en contre-
haut du point le plus élevé de la ville.

Ce projet d'élévation artificielle des eaux de l'Ouche a plusieurs fois préoccupé les hommes de l'art. Avant Dumorey, et
le 17 janvier de la même année (1762), un sieur Martin Ma-
ders-Pacher, entrepreneur des fontaines de Dôle, avait proposé
de le réaliser au moyen de l'établissement d'une roue à eau placée au bas du quinconce du rempart de Guise, dès-lors en aval

---

(1) Le *pouce d'eau* ou *pouce de fontainier* employé dans tous les jaugeages faits à Dijon comme dans ceux opérés pour les fontaines de Paris,
est la quantité d'eau qui s'écoule librement dans l'air par un orifice circulaire d'un pouce ($0^m02706994$) de diamètre pratiqué dans la paroi latérale
et verticale plane, épaisse d'une ligne ($0^m00225583$) d'un vase contre laquelle le fluide est maintenu constamment à une ligne au-dessus du sommet
de cet orifice, ce qui fait une pression de sept lignes ($0^m01579080$) d'eau
sur le centre de l'ouverture. — Le produit de cet écoulement est, en général, évalué à 13 litres 330044 par minute, ou à 19,195 litres 26 par 24
heures, inférieur de 804 litres 74 à celui du *double module d'eau* proposé
par M. de Prony, comme donnant exactement 20,000 litres par 24 heures
ou 13 litres 889 par minute, et obtenu par un orifice circulaire de 2 centimètres de diamètre percé dans une paroi verticale plane de 17 millimètres
d'épaisseur avec charge d'eau de 5 centimètres sur le centre.

Pour apprécier le véritable débit d'une source, c'est dans la saison où
elle est le moins abondante, c'est-à-dire sur la fin de l'été, qu'il faut la jauger. C'est ce que recommandait déjà le jurisconsulte Ulpien dans la loi 1re,
§ 8, ff., tit. 13, lib. 43, *quia*, dit-il, *semper certior est naturalis cursus
fluminum æstate potius quam hyeme.... æstas ad Æquinoxium automnale
refertur.*

du moulin d'Ouche, à un point où malheureusement il n'existe point de chute, et où se fait sentir le remoût des usines inférieures.

En 1825, l'ingénieur en chef des ponts et chaussées de la Côte-d'Or, M. Arnollet reportait la prise d'eau jusqu'au moulin de Chèvre-Morte, dont la chute et les artifices qu'il aurait fallu acheter, eussent été employés à cette destination.

Deux autres Mémoires ayant un but analogue, parurent encore en cette année ; seulement, leurs auteurs anonymes substituaient à la force motrice du courant l'emploi de machines à vapeur, ce qui eût entraîné de grandes dépenses, non-seulement de première construction, les appareils devant être doubles, mais surtout d'entretien et d'alimentation : en effet, dans une brochure imprimée en 1830, M. Genieys n'évalue pas à moins de 250 fr. par pouce d'eau (environ 200 hectolitres par 24 heures), les seuls frais annuels de combustible pour l'exhaussement à 25 mètres de hauteur de l'eau de la Seine à Paris. A Toulouse, on a calculé que 200 pouces d'eau élevés par jour de cette manière, coûteraient en charbon de terre plus de 60,000 fr. par an.

La dérivation de la fontaine de Newon ou de la Blanchisserie, située à 8,062 mètres de la porte Guillaume, et, arrivant seulement à 2 mètres 906 millimètres au-dessus du socle de cette porte (1), n'aurait pu, à raison des localités, être effectuée qu'à tuyaux forcés, et n'aurait produit que de 886 à 2,514 litres par minute (66 à 188 pouces).

La quantité d'eau que l'on aurait pu élever du puits artésien au moyen d'une machine à vapeur n'aurait été que de 500 litres par minute (37 pouces 1/2).

Dans un Mémoire de 16 pages in-8°, publié en 1834, M. Ar-

---

(1) Ce socle s'élève à 1 mètre 313 millimètres au-dessus du pavé qui en ce point (sous la porte Guillaume), est à 0ᵐ,330 millim. en contre-bas du fond du réservoir. En conséquence, l'eau de Newon ne serait arrivée là qu'à 4 mèt. 219 millim. en contre-haut du sol, tandis que celle du réservoir y monterait à 5 mètres 791 millim., ou à 1 mètre 572 millim. plus haut.

nollet a indiqué les moyens d'utiliser ce puits (dont, selon son opinion, le produit aurait augmenté en rélargissant son diamètre) soit à l'aide d'une machine à vapeur, soit par une pompe à bras, soit en établissant à une grande profondeur une galerie qui aurait parcouru les rues Dubois et Saumaise.

On ne se livrera pas ici à l'examen de plusieurs autres projets présentés à diverses époques, et dont les résultats étaient insuffisants, problématiques, ou évidemment impossibles : tels que ceux de l'ingénieur Antoine (1767 et 1804), d'élever dans le lit de Suzon des barrages successifs pour retarder le cours de l'eau; du même ingénieur (17 août 1807), de recueillir dans un aqueduc longeant le côteau à l'est de Dijon les petites sources qui en sortent; du voyer de la ville, Jolivet (1767), de construire deux bassins vis-à-vis le couvent des Capucins, à l'effet d'y amasser l'eau pendant l'hiver et de la distribuer en été; de M. Arnollet (1834), d'établir dans le vallon vis-à-vis Montmusard, un barrage de 5 mètres de profondeur en contre-bas du sol, dans le but d'arrêter et de forcer à s'élever les eaux souterraines de Suzon, etc. La dépense à faire était aussi un obstacle à l'exécution des meilleurs plans : « Je sens toute l'utilité dont pourraient être des fon-
» taines dans cette ville, écrivait en 1765 l'intendant Amelot au
» prince de Condé; mais je ne puis m'occuper d'aucun projet
» à cet égard, parce que tout le monde convient qu'on ne pour-
» rait y en établir qu'avec des dépenses prodigieuses que la ville
» serait bien éloignée de pouvoir soutenir, et dans lesquelles
» j'aurais à me reprocher de l'engager. »

XIX.

Pag. 10, lign. 28. ....*procuré un aussi complet résultat.*

Dijon est, après Rome, celle de toutes les villes alimentées par des fontaines publiques, où l'eau est distribuée avec le plus d'abondance; même lorsque le débit de la source se trouve réduit à son *minimum* de 3,500 litres par minute, ce qui n'arrive que très-rarement, la quantité est de 197 litres 67 cent. par 24 heures pour chacun des 25,496 habitants qui, d'après le dernier re-

censement officiel, composent sa population agglomérée. C'est
ce que démontre le tableau suivant :

VILLES ALIMENTÉES PAR DES SOURCES ou par des dérivations de rivières.	NOMBRE DE POUCES d'eau potable.	QUANTITÉ DE LITRES par jour et par habitant.
Rome. *Sources.*	7500	944
Dijon. *Source.*	262 à 900	198 à 678
Carcassonne. *Rivière.*	moy. 300	300 à 400
Gênes.	»	100 à 120
Glascow.	»	» 100
Londres (depuis 1829).	»	» 95
Narbonne. *Rivière.*	*max.* 100	80 à 85
Toulouse (1). *Rivière.*	208 à 260	62 à 78
Genève.	»	» 74
Philadelphie.	»	60 à 70
Grenoble. *Source.*	moy. 80	60 à 65
Vienne (Isère). *Sources.*	environ 40	60 à 65
Montpellier. *Source.*	*id.* 100	55 à 60
Greenock.	»	» 57
Clermont. *Source.*	moy. 75	50 à 55
Edimbourg.	»	» 50
Le Hâvre. *Sources.*	*id.* 75	40 à 45
Lons-le-Saunier. *Sources* .	environ 20	40 à 45
Gray. *Rivière.*	18 à 20	40 à 45
Manchester.	»	» 44
Angoulême. *Rivière.*	environ 30	35 à 40
Chaumont. *Rivière.*	10 à 12	30 à 35
Liverpool. *Sources.*	»	» 28
Metz. *Sources.*	40 à 45	20 à 25
St.-Etienne. *Rivière.*	moy. 40	20 à 25
Dôle. *Rivière.*	environ 10	15 à 20
Béziers. *Rivière.*	moy. 10	12 à 14
Paris (eau potable).	environ 417	10 à 12

(1) Le service des eaux de cette ville est regardé avec raison comme le
plus beau de ceux qui existent en France, et cependant il est bien inférieur à celui de Dijon. 1° Il ne fournit actuellement que de 208 à 260 pouces
d'eau par 111 bornes pour une population agglomérée de 64,299 ames,

Si l'importance que Dijon va nécessairement acquérir par l'établissement des chemins de fer qui doivent se croiser sous ses murs rendait nécessaire une plus grande quantité d'eau, il serait facile de satisfaire à ce besoin en prolongeant, sur une étendue d'environ 3,600 mètres seulement, l'aqueduc actuel jusqu'à l'étang de Ste.-Foi, et alors d'y recueillir tant les deux fontaines qui l'alimentent, suffisantes chacune pour faire tourner un moulin, que trois ou quatre autres moins abondantes situées en aval. La section de l'aqueduc permettant d'y faire passer 24 à 30 mille litres d'eau par minute, il suffirait d'augmenter sa dimension sur les trois ponts-aqueducs où maintenant elle ne comporte l'écoulement que de 12,000 litres.

L'abondance des eaux du vallon de Ste.-Foi est tellement considérable que, sur les indications d'un sieur Antoine de Menay, qui avait annoncé dans un Mémoire que les eaux de la fontaine du Rosay pouvaient servir *à renfler et augmenter la rivière d'Ouche pour la rendre navigable jusqu'en Saône,* la mairie de Dijon nomma, le 18 août 1607, une Commission chargée de visiter toutes les fontaines se jetant dans Suzon, de

---

tandis que les 25,496 habitants agglomérés de Dijon, ont de 262 à 900 pouces. 2° L'eau de la Garonne exige l'emploi de filtres qui ont coûté 139,598 fr. de premier établissement, qui entretiennent une végétation de byssus et qui nécessitent des dépenses de réparation et de surveillance ; au contraire, les eaux de la fontaine du Rosoir arrivent naturellement pures et parfaitement limpides. 3° Ces dernières ont une température constante en hiver comme en été de 10 degrés au-dessus de zéro, lorsque celles de Toulouse varient de 8 à 17 degrés selon les saisons, et même dans un des filtres de $+\ 2°$ à $+\ 21°$. 4° Quelque bien établies que soient les machines hydrauliques dont le prix s'est élevé à 105,897 fr., leur durée et leurs frais d'entretien ne peuvent se comparer à ceux d'un aqueduc en maçonnerie presque indestructible. 5° Enfin, la ville de Toulouse est dans l'impossibilité d'avoir, comme celle de Dijon, des réservoirs contenant 44,000 hectolitres d'eau toujours disponibles, en cas d'incendie ou pour un lavage extraordinaire des rues. On peut voir d'ailleurs à la note XXVI ci-après, les judicieuses réflexions de M. le docteur Dupasquier, relativement à la supériorité des moyens naturels sur ceux artificiels même les plus parfaits, pour procurer de l'eau à une grande population.

vider et profonder celle du Rosay, afin de s'assurer si réellement une pierre y a été mise pour *empescher et estoufer* son cours, et enfin de reconnaître si ces diverses sources réunies et nettoyées pourraient *flouir* jusqu'à Ouges pour la navigation. En 1752, l'ingénieur de Chésy, qui étudiait le projet d'établissement d'un canal de Dijon à St.-Jean-de-Losne, s'occupa aussi du parti que l'on pourrait tirer de la rivière de Suzon et de ses affluents ; mais il pensa qu'à raison de la perméabilité du sol qu'elle traverse, il y aurait des dépenses trop considérables à faire pour l'utiliser.

XX.

Pag. 11, ligne 5. .....*cette partie si intéressante de ma tâche.*

Il serait vivement à désirer qu'à l'exemple de ce qu'a fait M. l'ingénieur d'Aubuisson de Voisins, pour les eaux publiques de Toulouse (1), M. Darcy écrivît l'histoire de l'établissement des fontaines de Dijon, contenant une description détaillée des travaux avec indication de leurs dimensions, du mode de leur exécution, du prix qu'ils ont coûté, des difficultés qu'il a fallu vaincre, etc., etc. Malheureusement ses nombreuses occupations retarderont la publication de cet ouvrage qui formerait non-seulement un monument historique intéressant pour notre cité, mais aussi et surtout un traité extrêmement précieux sous le rapport de l'art.

En attendant, on a cru devoir consigner sur ces points, dans les notes suivantes, quelques renseignements incomplets et moins clairs sans doute que s'ils eussent été rédigés par un homme de l'art, mais dont on peut garantir l'exactitude ; ils ont été puisés dans les plans et devis déposés à la mairie, ainsi que dans les métrés et décomptes définitifs dressés par M. F. Guzowski, conducteur en chef des travaux depuis leur origine et aujour-

---

(1) *Histoire de l'établissement des fontaines à Toulouse,* insérée dans les Mémoires de l'Académie de cette ville, ainsi que dans les Annales des ponts et chaussées et imprimée à part ; Paris 1839, in-8° de 60 pages avec planches.

d'hui conservateur des fontaines, à la capacité, au zèle et au dévouement duquel on ne saurait donner trop d'éloges.

Au moyen des registres tenus avec le plus grand soin tant par ce précieux employé que dans les bureaux de la mairie, il sera facile, lorsque les travaux seront entièrement terminés, d'établir la quantité et le prix de chaque espèce d'ouvrage.

D'un aperçu général dressé le 31 décembre dernier (1844), il résulte qu'à cette date la totalité de la dépense en terrassements, maçonnerie, fonte, salaires d'ouvriers et d'employés, construction de l'édicule de couronnement du réservoir, acquisitions de terrains, indemnités de récoltes, prix de la source, etc., s'élève à la somme de 1,027,619 fr. 31 c. qui a été soldée avec les ressources suivantes (1) :

1° Les réserves annuelles de 40,000 fr. faites dans les huit budgets de 1837 à 1844 inclusivement, en vertu de la délibé-

---

(1) Détail des principales sortes de dépenses au 1er janvier 1845 :

1° Indemnité d'expropriation de la source. 9,200f 00c

2° Acquisitions de terrains en pleine propriété et propriété-tréfoncière, frais d'actes et indemnités de non-jouissance. 23,379 59

3° Transport des déblais de la fouille de l'aqueduc. . . 6,907 83

4° Ouvrages de maçonnerie autres que ceux mentionnés au n° 6 ci-après, savoir :

Aqueduc de dérivation y compris le réservoir de 42,495 fr. 81 cent. 341,687f 93c		
Aqueduc de distribution y compris ceux pour l'écoulement du trop plein du réservoir. 216,351 22	571,445 47	
Embranchement des bornes-fontaines, rigoles de décharge, puits perdus. . . . 13,406 32		

5° Tuyaux et appareils :

Fonte. 214,008 17		
Pose des tuyaux. 35,021 05	291,715 87	
Appareils de distribution des eaux. . . 42,686 65		

6° Edicule de couronnement du réservoir, lavoir St.-Pierre, sept des pavillons de l'aqueduc, fourniture de plomb pour la pose d'une partie des tuyaux, rétablissement du pavé de la ville, frais d'instances, traitement des employés, etc. 124,970 55

Total pareil. 1,027,619 31

ration du conseil municipal du 25 mai 1835, s'élevant ensemble, moins 192 fr. 61 c. qui n'ont point été employés, à. 319,807 39

2° Quatre crédits additionnels de 200,000 f., 100,000 fr., 180,000 fr. et 17,991 fr. 35 c. votés les 19 juillet 1839, 13 février 1840, 20 janvier 1481 et 12 novembre 1842, et prélevés sur les fonds en dépôt de la caisse de service (1); ensemble. 497,991 35

3° Remboursements provenant du legs Audra, et employés en 1842 (note XIII). . . 38,962 76

4° 9,200 fr. pris sur les fonds déposés à la caisse de service pour solder 200 fr. à l'Etat et 9,000 fr. à la commune de Messigny, à raison de l'expropriation de la source du Rosoir; ci. . 9,200 »

5° Enfin 161,657 fr. 81 cent. prélevés sur l'emprunt de 220,000 fr. contracté en vertu de la loi du 20 juillet 1843, au taux de 4 1/2 p. cent., et remboursable par cinquièmes les 31 décembre 1847, 1848, 1849, 1850 et 1851, au moyen, soit de la vente du pâquier de Bray, dont le prix est évalué à 190,000 fr., soit de la continuation des réserves de 40,000 fr. dans les budgets à partir de 1847; ci. 161,657 81

Total pareil. 1,027,619 31

---

(1) Cette somme en dépôt se composait :

1° De 55,277 fr. 15 c. prélevés sur le boni de 78,245 fr. 38 c. de l'année 1833 ; ci. 55,277ᶠ 15ᶜ

2° Du montant des bonis des années 1834, 1835, 1836, 1837, 1838, 1839, 1840, 1841, déduction faite des réserves annuelles de 40,000 fr. sur les cinq derniers, et en outre des 9,200 fr., prix de la source sur celui de 1840 ; ensemble de. 424,722 85

3° Enfin de 17,991 fr. 35 c. prélevés sur celui de 54,022 fr. 24 c. de l'exercice 1842 ; ci. 17,991 35

Total pareil. 497,991 35

(Voir les comptes annuels imprimés de la gestion du Maire).

Les travaux restant à faire et qui sont mentionnés dans la note XXVI ci-après, seront soldés avec :

1° 6,342 fr. 19 c. restant en caisse des à-compte de cent soixante-huit mille fr. touchés de la caisse des consignations sur l'emprunt de 220,000 fr. 6,342 19

2° 52,000 fr. encore disponibles sur le même emprunt. 52,000 00

3° Les réserves de 40,000 fr. des années 1845 et 1846. 80,000 00

4° Enfin 22,113 fr. 84 c. restant du legs Audra et actuellement en caisse, ainsi qu'il est expliqué à la note XIII, *suprà ;* ci. 22,113 84

160,456 03

Ainsi, la ville aura exécuté l'immense entreprise des fontaines, ajournée depuis quatre siècles avec le legs de M. Audra et ses seuls revenus (1), sans grever la postérité autrement que par

(1) Non-seulement pendant cet intervalle et pendant les quatre années précédentes dont les bonis ont été accumulés pour subvenir à l'acquittement des crédits extraordinaires de 497,991 fr. 35 c., aucun service n'a souffert, mais encore de nombreuses améliorations ont été exécutées, parmi lesquelles on peut citer la construction d'un hôtel pour l'Académie universitaire (120,000 fr.), celle d'amphithéâtres pour l'Ecole préparatoire de Médecine (14,000 fr.), des réparations à l'Ecole de Droit (14,465 fr. 32 c.), l'établissement du nouveau Jardin botanique, et de la Galerie d'Histoire naturelle (plus de 50,000 fr., déduction faite de la vente de l'ancien jardin), l'arrangement de la place St.-Pierre, et la construction de la grille (8,440 fr. 38 c.), les acquisitions d'un hect. 58 ares 90 cent. de terrain, pour l'agrandissement futur du cimetière (12,834 fr.), de la tour au Fermerot, pour le prolongement de la rue de la Préfecture (16,100 fr.), de deux maisons pour celui de la rue Bannelier jusqu'à celle des Godrans (12,000 fr.), de 94 ares 12 cent. de terrain à la porte Guillaume, pour l'augmentation de la promenade des Petits-Arbres 5,625 fr.), de plus d'un hectare des anciens fossés du château, pour l'ouverture de la porte des Godrans (3,677 fr. 50 c.), de la maison à l'angle de la rue Quantin, pour la communication de cette rue avec la rue Musette (5,000 fr.), d'une maison pour être réunie à celle de charité Saint-Philibert (6,190 fr.), d'une autre maison, pour établir une communication entre les rues du Bourg et des Etioux (8,000 fr.), des trois

l'aliénation (dont à la rigueur elle pourrait encore se dispenser en différant quelques autres améliorations) de terres labourables qui ne rapportent aujourd'hui qu'un fermage de 7,431 fr. 03 c. déduction faite de 523 fr. 97 c. d'impôts, et qui, vendues en détail à des habitants devant les cultiver par leurs mains, verseront dans la consommation locale une plus grande quantité de produits. Sans s'être réellement appauvrie, elle se trouvera donc dotée à perpétuité d'un établissement d'une indispensable nécessité, et qui doit avoir la plus heureuse influence sur sa prospérité future.

XXI.

Page 11, ligne 15. ....*à* 10 *degrés centigrades au-dessus de zéro.*

L'égalité de température en toute saison est un des points les plus essentiels pour la salubrité des eaux potables. Les meilleures, selon Hippocrate (*de aere, aquis et locis*), sont chaudes en hiver et froides en été, *optimæ sunt quæ.... et hieme calidæ fiunt, æstate vero frigidæ.* « On doit éviter, dit M. Hallé (*Dic-* » *tionnaire des sciences médicales, v° boissons*), d'user d'une » eau trop rapprochée de l'état de nos organes. Lorsque l'eau est » d'une température très-inférieure à celle de notre corps, elle » étanche la soif, non-seulement en humectant, mais encore en

---

maisons Vallée, Lavalle et Mercier, pour le rélargissement de la rue Chabot-Charny (28,400 fr.), l'appropriation du Logis-du-Roi, pour l'Hôtel-de-Ville (environ 35,000 fr., non compris plus de 60,000 fr. payés en 1833 et 1834, pour solde du prix de l'acquisition faite le 19 avril 1831), le levé et la gravure du plan d'alignement de la ville (14,940 fr. 82 c.), le renouvellement intégral en 1842 du numérotage des maisons (1,200 fr.), l'ouverture et le déblaiement du bastion Saint-Nicolas (15,944 fr. 23 c.), le remplacement dans toutes les rues de la ville des chaussées fendues ou à un seul ruisseau au milieu, par des chaussées bombées ou à deux ruisseaux, et la substitution dans ces dernières du pavé de granit à celui de pierre calcaire gelisse, l'augmentation du nombre et la mise en état des pompes à incendie, l'établissement de l'éclairage au gaz dans les principales rues, la coopération à l'ouverture du quartier St.-Bernard, l'établissement d'une caisse d'épargnes et de salles d'asile, l'augmentation de plus de 20,000 volumes de la bibliothèque publique, de nombreuses plantations, etc., etc.

» changeant l'état de nos organes. Il en résulte qu'il faut
» moins d'eau froide que d'eau tempérée ou tiède pour opérer
» cet effet. »

Dans son remarquable ouvrage *des eaux de source et des eaux
de rivière* (Lyon et Paris, 1840, in-8°), M. le docteur Dupasquier, de Lyon, que l'Académie de Dijon compte au nombre de ses membres non résidants, dit que « de toutes les questions à con-
» sidérer relativement à l'emploi hygiénique des eaux potables,
» aucune n'est plus importante que celle de leur température ;
» que des eaux très-bonnes sous le rapport de leur composition
» chimique, peuvent devenir d'un usage très-nuisible, par le
» seul fait de leur degré de froid ou de chaleur...., et que la
» fraîcheur de l'eau potable durant l'été, est une condition bien
» plus importante encore que son état tempéré pendant l'hiver. »
Il pense que la plupart des maladies dangereuses que l'on observe en été, telles que les diarrhées, les dysenteries, les engorgements du foie, les ictères, les gastro-entérites et particulièrement les fièvres graves, comme les fièvres adynamiques et typhoïdes, sont dues surtout à l'usage que le peuple et les gens de la campagne font d'eau arrivée à une température trop élevée; au-delà de 16 degrés l'eau commence à être tiède et à paraître fade.

Les eaux de la fontaine du Rosoir conservent en toute saison une température égale qui ne varie pas d'une manière sensible lorsqu'elles arrivent à Dijon, à raison de ce que l'extrados de la voûte de l'aqueduc est constamment à un mètre au moins au-dessous du sol, et que dans les quatre seuls points où il est en contre-haut, l'inclinaison qui lui a été donnée à dessein, ne permet pas à l'eau de s'échauffer ou de se refroidir.

Ces eaux d'ailleurs ont tous les caractères assignés par les chimistes et les médecins aux meilleures eaux potables; elles sont d'une limpidité parfaite et sans odeur; leur saveur n'est ni désagréable, ni fade, ni piquante, ni salée, ni douceâtre ; elles contiennent de l'air en dissolution, cuisent bien les légumes secs, dissolvent le savon sans former de grumeaux, ne renferment ni sulfates, ni chlorures, mais seulement environ 1/4133e de carbo-

nate de chaux présentant de légères traces de magnésie et d'oxide de manganèse (1). Suivant l'ouvrage ci-dessus cité de M. Dupasquier, page 92, « ce carbonate, à moins qu'il n'existe en trop
» grande proportion, telle, par exemple, que dans les sources
» de St.-Alyre (1/613), et de St.-Nectaire en Auvergne, ou
» dans celles de San-Felippo en Toscane, doit être considéré
» comme un principe utile, et on dira même nécessaire dans
» les eaux, puisqu'il est reconnu que celles privées de toute
» matière fixe, n'ont pas les qualités qui les rendent propres à
» être usitées comme boisson. Les effets thérapeutiques de ce
» sel, effets bien connus des médecins, expliquent d'ailleurs
» l'utilité de sa présence dans les eaux potables..... Rien n'est
» plus certain et plus évident que son action utile dans l'acte
» de la digestion. » (2).

---

(1) L'analyse en a été faite avec le soin le plus minutieux sur 20 litres pris à la source, et que l'on a fait évaporer dans un creuset de platine. Le résidu pesait 4 grammes 840 milligr.; ce qui fait 0ᵍʳ 242 par litre.

(2) Le carbonate de chaux est en si grande quantité dans les eaux des fontaines de Montpellier, qu'il a formé dans l'aqueduc de dérivation des dépôts ou pétrifications qui en ont rétréci la rigole, à tel point que dans certains endroits la section perpendiculaire de l'axe présente une surface presque moitié moindre de celle qui lui avait été donnée, et cependant, selon le rapport déjà cité de M. Leuthéric, professeur à la faculté des sciences, « l'u-
» sage qu'en fait la population depuis qu'elles sont conduites à la ville, sans
» que jamais personne ait eu à s'en plaindre, est la meilleure preuve de leur
» bonté sous le rapport hygiénique.... Les sels qu'elles contiennent n'ont
» d'autre inconvénient que celui d'obstruer la cuvette et quelques conduits
» dans l'intérieur de la ville....; l'analyse de ces eaux ne peut donc avoir
» d'autre but que de faire connaître les moyens de détruire les pétrifications
» qu'elles déposent dans l'aqueduc. »
Comme le carbonate de chaux ne se précipite que par le dégagement de l'acide carbonique qui le tient en dissolution, M. Darcy a eu le soin, négligé à Montpellier, de soustraire dans tout son parcours, depuis et y compris la source jusqu'aux appareils de distribution dans la ville, l'eau au contact de l'air extérieur qui favorise ce dégagement; aussi, depuis plus de quatre ans que les fontaines sont en activité, on n'a remarqué aucun dépôt dans les conduits : l'enduit en ciment hydraulique de Pouilly a conservé dans l'aqueduc et le réservoir la couleur brune qu'il avait lorsqu'on l'a posé.

Le plus grand service que l'on puisse rendre à une population est de lui fournir une eau salubre. L'expérience prouve que la durée de la vie moyenne augmente d'une manière notable dans les villes qui, précédemment privées de bonne eau, en obtiennent ensuite (1). En procurant à la ville de Dijon, réduite sous ce rapport à la plus fâcheuse pénurie, l'inappréciable bienfait de la dérivation dans ses murs d'une source pure et abondante, l'administration municipale a donc rempli le premier et le plus essentiel des devoirs de son institution : car, comme le dit Cicéron (*de Republicá*, lib. 5) : *Ut gubernatori cursus secundus, medico salus, imperatori victoria ; sic moderatori reipublicæ* (*civitatis*) *beata civium vita proposita est.*

XXII.

Page 11, ligne 19. ....*se déploie sur une ligne de* 12,695 *mètres.*

La description de l'ensemble du système de dérivation ou d'*amenée* de la source du Rosoir au réservoir de la plate-forme près la porte Guillaume, embrasse de nombreux détails que, pour plus de clarté, on disposera sous les trois paragraphes suivants subdivisés eux-mêmes en plusieurs parties :

§ I. — Dimensions des ouvrages dans le sens de leur longueur. — NIVELLEMENT.

Pour ne point scinder ce qui concerne les pentes, on comprendra dans le tableau ci-après non-seulement le nivellement de l'aqueduc de *dérivation*, mais encore celui de l'aqueduc de *distribution* depuis le réservoir jusqu'au bassin de la place Saint-Pierre, point le plus bas où les eaux parviennent aujourd'hui.

---

(1) Les rédacteurs des *Annales des Ponts et Chaussées*, dans une introduction au travail de M. d'Aubuisson, disent : « On ne peut assez répéter » que tout abaissement du prix de l'eau pour usages hygiéniques est une » amélioration certaine dans les chiffres de mortalité. »

DIVERSES SECTIONS de la conduite.	PENTE par mètre.	LONGUEUR de chaque section.	PENTE TOTALE de chaque section.	CHUTE à l'extrem. de chaque section.	CONSTRUCTIONS SUR LA CONDUITE.
Construction sur la source	»	8,50	»	»	Deux pavillons.
Aqueduc.	0,00199	811,00	1,613	0,25	Le radier de l'embouchure de l'aqueduc dans la source est à 80 cent. au-dessus du fond de son bassin.
id.	0,0016	204,65	0,328	»	
Pont du Rosoir.	0,00502	19,90	0,100	0,50	Pavillon.
Aqueduc.	0,00405	1,361,95	5,512	0,25	Pavillon (prise d'eau de Messigny).
id.	0,00641	342,60	2,196	0,25	
id.	0,001	375,60	0,376	0,50	
id.	0,0158	123,00	1,943	0,25	
id.	0,001	373,15	0,373	»	Pavillon (prise d'eau de Vantoux).
Pont de Vantoux.	0,00502	19,90	0,100	1,00	
Aqueduc.	0,00693	194,75	1,349	0,25	
id.	0,005032	537,50	2,705	0,25	
id.	0,00715	468,00	3,347	0,25	
id.	0,00488	450,00	2,197	0,25	
id.	0,001	131,75	0,132	»	
Pont d'Ahuy.	0,00502	19,90	0,100	0,50	Pavillon.
Aqueduc.	0,00445	460,95	2,030	0,25	
id.	0,00698	360 »	2,512	0,25	
id.	0,004527	865,40	3,918	0,25	Pavillon à 145 m. 60 c. en amont de la chute (prise d'eau d'Ahuy).
id.	0,006576	500 »	3,288	0,25	
id.	0,00387	360,00	1,394	0,25	
id.	0,001	462,80	0,463	0,25	Pavillon.
id.	0,0104	272,00	2,830	0,25	
Id. y compris la partie apparente de 159 m 30...	0,00086	3,966,40	3,431	0,30	Trois pavillons, dont un placé à 1680 m. en aval de la précédente chute de 0,25 et les 2 autres aux deux extrémités de l'aqueduc apparent.
Puits en amont du réservoir et cascade.	»	5,10	»	4,501	
Distance totale entre la source son bassin compris, et le mur extérieur du réservoir près la porte Guillaume.		12.694,80			
Total des pentes.			42,237		
Hauteurs réunies des 21 chutes.			11,051	11,051	
Différence de niveau entre le radier de l'aqueduc à la source et le fond du réservoir.			53,288		
Distance entre le réservoir, y compris son diamètre de 33 m. 70 c., et le centre du bassin de la place St.-Pierre.		1,530,10			
Différence de niveau entre le fond du réservoir et celui du bassin St.-Pierre.			10,033		
Totaux des distances et des pentes.		14,224,90	63,321		

Nota. Par suite des nivellements opérés pour l'établissement des chemins de fer, on a trouvé que le regard à 48 m. 60 c. en avant de la porte Guillaume, qui a servi de point de repère, était à 251 mèt. 80 mill. au-dessus du niveau de la mer. Or, comme ce regard est lui-même seulement à 493 mill. en contre-haut du fond du réservoir, il en résulte que ce fond est à 251 m. 315 mill. au-dessus de la mer; celui du bassin St.-Pierre à 241 m. 282 mill., et le radier de l'aqueduc à son embouchure dans la source à 304 m. 603.

§ 2. — Dimensions des ouvrages selon leur coupe transversale; leur description.

1° *Bassin de la source.* — Après avoir été creusé d'un mètre 30 centimètres, il a été enveloppé d'un mur de 2 m 05 d'épaisseur fondé sur les rochers du pourtour et recouvert d'une voûte de 0 m 40 d'épaisseur, revêtue d'une chape en ciment de Pouilly de 0 m 06 sur laquelle est une couche de terre.

Ce bassin a deux côtés parallèles réunis au sud-est par un mur rectiligne perpendiculaire à ces côtés, et au nord-ouest contre le côteau par un mur semi-circulaire percé d'une ouverture de 0 m 50 sur 0 m 60 pour faciliter l'entrée des eaux sortant de la montagne. La voûte est à berceau en plein cintre sur la partie rectiligne, et à cul de four sur celle en demi-cercle. Les côtés parallèles laissent entre eux un intervalle de 5 m 20 ; la longueur, y compris le rayon du demi-cercle, est de 8 m 50 (1), et la hauteur

(1) En conformité des arrêtés du préfet des 24 novembre 1838 et 13 août suivant déterminant les portions d'héritages à exproprier pour l'établissement des fontaines publiques, la ville de Dijon a été, par le jugement d'expropriation du 26 août 1839, investie de la pleine propriété, et par l'ordonnance du magistrat directeur du jury du 1er août 1840, envoyée en possession « contre l'Etat, ce sont les termes, et au besoin contre la commune » de Messigny, dans le cas où ses prétentions seraient accueillies, du bassin » de la source du Rosoir, tel qu'il est figuré au plan parcellaire dressé par » l'ingénieur Darcy, et d'un terrain situé à l'entour de ladite fontaine et li- » mité au nord par le pont-aqueduc ou chaussée en maçonnerie renfermant » les tuyaux qui amènent à Messigny les eaux de la fontaine de Jouvence ; » au couchant et au midi par une ligne tracée à cinq mètres de distance des » bords dudit bassin, tels que ces bords sont déterminés par le niveau des » eaux ordinaires, et au levant par une autre ligne supposée tracée au milieu » du lit de ladite rivière (Suzon). »

Or, comme d'après ce plan parcellaire, en date du 19 septembre 1838, le bord méridional (ou plus exactement sud-ouest du bassin de la fontaine était à 8 mètres 60 cent. du parement le plus rapproché de la chaussée ou pont-aqueduc amenant les eaux de la fontaine de Jouvence et son bord occidental (ou nord-ouest) d'où sort la principale source, se trouvait à 1 mètres du bord nord-ouest du lit de Suzon, il s'ensuit que la parcelle de terrain comprenant la fontaine attribuée par l'expropriation à la ville et qui a été estimée 18,000 fr. par le jury, formait un trapèze de 13 mètres 60

sous clef de 3^m 50 mesurés à partir du radier de l'aqueduc qui y prend naissance. La voûte est percée dans son milieu d'un regard.

2° *Aqueduc sous Suzon.* — L'aqueduc qui s'ouvre dans le bassin et qui passe immédiatement sous le lit de Suzon dont il est séparé par plusieurs rangs superposés de fortes dalles d'une épaisseur ensemble de 0^m 60, présente une section de 0^m 90 de hauteur sur 0^m 80 de largeur, sauf sous le pavillon amont où elle est réduite à 0,44 sur 0,44.

Sur son axe et aux bords du lit de la rivière dont la largeur en ce point est de 8^m 30, sont deux pavillons de 1^m 20 de côté intérieurement, couvrant des regards. Dans celui amont dont la base présente, en vide et plein, un massif de 3^m 95 d'épaisseur entre le bassin de la source et le bord nord-ouest de la rivière, il a été ménagé, pour descendre dans ce bassin, une échelle de fer appuyée sur une plate-forme en pierre à 2^m 80 au-dessus du radier de l'aqueduc. De cette plate-forme, qui n'occupe qu'une partie du vide, on pénètre sous la voûte de la source par une porte de 1^m 10 de haut sur 0^m 60 de large et par un escalier de quatre marches traversant le mur amont du regard de 1^m 20 d'épaisseur.

Le mur aval de ce regard est percé de quatre ouvertures chacune de 0^m 30 de large sur 0^m 15 de haut que l'on peut fermer

---

cent. de largeur à partir et tout le long du bord sud-ouest de la susdite chaussée, et de 19 mètres de longueur mesurés depuis la rive droite de la rivière telle qu'elle était alors, ou de 258 mètres 4 dixièmes de superficie (2 ares 584 mill.).

Le bassin actuel, y compris ses murs d'enceinte, n'ayant au niveau du sol, en largeur, que 9 mètres 30 cent. à partir du parement sud-ouest de la chaussée servant à la conduite des eaux de Jouvence, et, en longueur, que 13 mètres 45 centimètres mesurés depuis le bord nord-ouest actuel du lit de Suzon rélargi de ce côté de 1 mètre 65 cent. pour laisser un débouché suffisant au torrent, la ville est encore propriétaire en dehors du parement extérieur des fondations de son bassin d'une lisière de terrain de 4 mètres 30 cent. de largeur au sud-ouest, et de 3 mètres 90 cent. aussi de largeur au nord-ouest à prendre dans le côteau.

à volonté pour empêcher l'introduction des eaux de Suzon lors des crues, et qui sont destinées à verser dans son cours la source au cas où l'on ne voudrait pas la laisser entrer dans l'aqueduc dont la tête est à cet effet munie d'une vanne. Le seuil des deux inférieures est à 1 ᵐ 80 en contre-haut du radier de l'aqueduc.

3° *Partie de l'aqueduc en aval du passage sous Suzon.* — Pour faciliter le parcours de cette section à l'effet de manœuvrer les vannes destinées à y introduire à volonté les sources fort abondantes qui sourdent souterrainement des héritages acquis en pleine propriété par la ville en cet endroit (*infrà*, § 3 , n° 4), il lui a été donné dans œuvre sur une longueur de 245 ᵐ 60, la hauteur de 1 ᵐ 30 et la largeur de 0 ᵐ 60. Le radier, partie en béton et partie en dalles, a 0 ᵐ 62 d'épaisseur, les murs latéraux 0 ᵐ 60 et la voûte 0 ᵐ 35.

4° *Ponts-aqueducs.* — Chacun des trois qui existent se compose d'une auge longue de 11 ᵐ 90 entre les culées ou murs latéraux du torrent, formée de trois morceaux de pierre des carrières de Chanceaux , placés bout à bout et supportés aux deux points de jonction par des piles aussi en pierre.

Ces auges , dont les parois, le fond et la couverture en dalles ont 0 ᵐ 20 d'épaisseur, présentent pour le passage de l'eau une section de 0 ᵐ 40 de large sur 0 ᵐ 45 de haut.

L'intervalle entre leur face inférieure un peu inclinée et le radier pavé du lit de la rivière est de 2 ᵐ 46 en amont et 2 ᵐ 40 en aval.

Chaque culée renferme deux déversoirs rejetant le trop plein dans ce lit. Celles aval des ponts du Rosoir et d'Ahuy et amont du pont de Vantoux sont surmontées d'un pavillon.

5° *Portions de l'aqueduc en amont des ponts-aqueducs.* — Afin de racheter la différence en moins de la profondeur sous terre à laquelle il était nécessaire d'établir l'aqueduc aux abords des ponts pour laisser un débouché suffisant au torrent, on a été obligé de réduire la hauteur de sa section à 0 ᵐ 50 et de substituer à la voûte en plein cintre un dallage de 0 ᵐ 12 d'épaisseur.

Cette disposition existe en amont des ponts ci-après, sur les longueurs suivantes, savoir :

Du Rosoir.	204 65	
De Vantoux.	250 15	489 45
Et d'Ahuy.	34 65	

6° *Aqueduc apparent un peu en amont du réservoir de la porte Guillaume.* — Sa longueur entre les deux pavillons établis aux extrémités est de 148 mètres ; en y ajoutant l'épaisseur de chaque pavillon de 1ᵐ65 et un massif en maçonnerie de 4 mètres de long en avant de chacun pour le raccordement avec les terrains voisins, le développement total est de 159 mètres 30 cent.

La portion de 148 mètres est supportée par 59 arcades en plein cintre ayant chacune un mètre 50 cent. de hauteur sous clef sur deux mètres de largeur, séparées par 60 pieds-droits y compris les deux contre les pavillons, de 0ᵐ50 d'épaisseur chacun.

Un intervalle de 1ᵐ60, coupé par un cordon et par le rang inférieur des dalles de recouvrement faisant corniche, sépare le dessus des arcades de celui du rang supérieur de dalles ; c'est dans cet espace qu'est renfermé l'aqueduc dont la section intérieure a 0ᵐ75 de haut sur 0ᵐ60 de large, et chacune des parois latérales 0ᵐ55 d'épaisseur. Six regards ont été ménagés dans le recouvrement épais de 0ᵐ30.

Chaque pavillon des extrémités, percé de deux portes dans l'axe de l'aqueduc, renferme un déversoir qui maintient l'eau à 0ᵐ60 en contre-haut du radier et rejette le surplus par une gargouille au midi dans un fossé qui, après avoir longé cet ouvrage, suit du nord au sud le pied occidental de la plate-forme.

7° *Puits adossé au réservoir et cascade.* — Ce puits, de 1ᵐ50 de diamètre et couvert par une voûte hémi-sphérique percée d'un regard, se lie à l'aqueduc par une cascade ou escalier de dix marches présentant 3ᵐ60 de longueur horizontale sur 4ᵐ501 de hauteur verticale.

8° *Surplus de l'aqueduc.* — Le restant de l'aqueduc, d'une

longueur de 11,711 mètres 25 cent., déduction faite des parties ci-dessus, d'un développement ensemble de 983 mètres 55 cent., présente dans sa coupe transversale les dimensions et dispositions suivantes :

Section intérieure : hauteur sous la clef de la voûte en plein cintre, 0 m 90 ; largeur, 0 m 60 ; dès-lors en superficie, un demi-mètre carré.

Epaisseurs : du radier, 0 m 33 ; de chaque mur latéral, 0 m 40 ; de la voûte, 0 m 25 ; de la chape en chaux hydraulique sur l'extrados, 0 m 04.

Dans toute l'étendue de l'aqueduc, le radier et les murs latéraux jusqu'à la hauteur de 0 m 30 à 0 m 40 sont revêtus d'un enduit de ciment de Pouilly de 0m 03 d'épaisseur, de sorte que la largeur se réduit à 0 m 54.

Le mètre courant de cette espèce d'aqueduc produit un cube de maçonnerie d'un mètre 42 centièmes, revenant, d'après l'adjudication, rabais déduit, à 9 francs 74 cent. le mètre cube.

Tous les mortiers sont faits avec de la chaux hydraulique.

§ 3. — Ouvrages et dispositions accessoires.

1° *Chutes.* — Dans le but de maintenir l'extrados de la voûte de l'aqueduc constamment à un mètre au-dessous de la surface du terrain, et de diminuer les pentes qui eussent donné à l'eau une rapidité capable de dégrader les maçonneries et les enduits, il a été ménagé en différents points des chutes consistant dans un degré à pic de 25, 30, 50 centimètres ou un mètre de hauteur.

Elles étaient surtout nécessaires à l'issue des ponts-aqueducs tant pour replacer sur-le-champ l'extrados de la voûte à la profondeur voulue, au lieu d'employer des dalles de recouvrement comme dans la partie amont, que pour accélérer par un prompt dégorgement le passage de l'eau dans le canal rétréci du pont et ainsi en augmenter l'écoulement tout en prévenant l'augmentation ou l'abaissement de sa température.

2° *Regards.* — Ils sont au nombre de 136, y compris ceux

placés sur la source, sur le puits adossé au réservoir et sous chacun des onze pavillons ; une distance d'environ cent mètres les sépare les uns des autres. Il en a toujours été ménagé un sur chaque chute et sur chaque pr'se d'eau.

L'ouverture de ceux sur les chutes a 0 m 90 sur 0 m 60 de côtés. Une partie de leur largeur est entaillée dans l'épaisseur du mur latéral de l'aqueduc ; leur hauteur est de 0 m 90 depuis le dessous de la dalle qui les recouvre jusqu'au fond situé à 0 m 30 en contre-haut du radier de l'aqueduc en amont de la chute qui correspond à leur milieu.

Les autres regards pratiqués dans toute la largeur de la voûte de l'aqueduc, ont 0 m 60 de côtés.

Celui sur le puits est seul circulaire et a 0 m 60 de diamètre.

Tous, à l'exception de ce dernier ainsi que de ceux sous les pavillons, sont recouverts d'une dalle de 0 m 15 d'épaisseur placée à un mètre en contre-bas du niveau du sol.

Des bornes méplates, terminées en rond, indiquent les regards sur les chutes, ainsi que les courbes que forme l'aqueduc ; les regards ordinaires sont marqués par une borne carrée dont la tête est taillée en pointe de diamant.

3° *Pavillons.* — Les onze pavillons qui s'élèvent sur le parcours de l'aqueduc sont construits en pierre de taille blanche et tendre extraite des carrières d'Is-sur-Tille.

Ils sont carrés et leurs côtés ont de large, extérieurement 1m 80 et intérieurement 1 m 00. En dehors, leur hauteur est de 3 m 54 y compris la couverture en même pierre d'Is-sur-Tille. Les deux près de la source et les deux de l'aqueduc apparent sont à double fronton triangulaire. Trois pierres superposées en retraite les unes sur les autres et formant pyramide, couronnent les sept autres.

On y entre par une baie de porte fermée par un ventail en fer muni d'une serrure à secret.

Dans six de ces pavillons se trouvent des échelles de fer pour descendre dans l'aqueduc.

4° *Dérivation des sources secondaires.* — Vis-à-vis les deux

points d'émergence des sources sortant de l'héritage appartenant
en pleine propriété à la ville en aval du passage sous Suzon,
il existe, sous un regard, de chaque côté de la portion d'aqueduc décrite ci-dessus, § 2, n° 3, un renfoncement de 0 m 50 de
long sur 0 m 30 de profondeur et 1 m 00 de hauteur formant l'embouchure de rigoles, de 0 m 20 de largeur sur 0 m 20 de hauteur, qui aboutissent à une pierrée dans les terres et par lesquelles les eaux arrivent de droite et de gauche.

Cette embouchure est munie d'une vanne placée au fond du
renfoncement qui, lui-même, est séparé de la cuvette de l'a-
queduc par une pierre sur champ de 0 m 40 de hauteur sur
0 m 10 d'épaisseur, de manière à former un bassin propre à re-
tenir les graviers que les eaux pourraient charrier.

5° *Prises d'eau des communes.* — Pour délivrer aux communes de Messigny et d'Ahuy les quantités d'eau qui leur sont
attribuées par l'ordonnance royale du 19 septembre 1838, il
a été pratiqué à proximité de chacune d'elles, dans l'aqueduc,
une ouverture latérale en pierre de taille de la hauteur du pied-
droit, et formant l'entrée d'un petit bassin dans lequel prend naissance le tuyau destiné à conduire l'eau au village. Cette ouverture, ainsi que la section de l'aqueduc immédiatement en
aval, sont exactement fermées par deux plaques en bronze percées de fentes verticales parfaitement pareilles, et dont le nombre
est dans la proportion établie par l'ordonnance du Roi. A l'aide
de ce moyen, qui opère sans le fait actuel de l'homme, la division de l'eau, quelle que soit sa hauteur dans l'aqueduc, a lieu
avec une rigoureuse exactitude.

La portion revenant à la commune de Vantoux étant trop
faible pour être donnée de cette manière qui exigerait 141 fentes
égales, on la lui délivre, ainsi qu'à M. Détourbet dont le tuyau
est commun avec elle aux termes d'un acte notarié en date du
22 juillet 1843, par un robinet produisant l'écoulement de la
quantité qui leur est due.

6° *Appareils de jaugeage.* — Afin de reconnaître les parties
de l'aqueduc où il existerait des fuites, on applique successivement à toutes les chutes prises deux à deux, un double appareil

fort simple, en cuivre, servant à jauger exactement la quantité d'eau qui passe, et à indiquer par la différence d'écoulement entre les deux points, l'importance de la déperdition et la section, de moins de 100 mètres de longueur, où elle aurait lieu.

XXIII.

Pag. 11, lign. 30. ...*et une capacité de 22 mille hectolitres.*

Le grand réservoir dont le centre est à 269 mètres 50 centimètres au couchant du parement extérieur de la porte Guillaume, est établi dans un tertre connu sous le nom de *Plateforme*, présentant une pente inclinée au levant, et formant le reste d'un ouvrage avancé des anciennes fortifications dont les Elus de la Bourgogne ordonnèrent le déblaiement, pour procurer du travail aux indigents, à la suite d'une émeute qui éclata à Dijon, le 18 avril 1775, sous prétexte de la cherté des grains (1).

Ce réservoir comprend des travaux de maçonnerie et des appareils de fonte dont le jeu règle la distribution de l'eau dans la ville.

§ 1. — OUVRAGES DE MAÇONNERIE.

Comme on l'a dit dans le rapport, ils se composent principalement d'un puits à ciel ouvert autour duquel sont établis deux berceaux de voûtes ayant le même centre et communiquant entre eux par 24 arcades.

Les dimensions de cet ensemble de constructions sont :

En *hauteur*, cinq mètres, depuis le radier ou fond jusqu'au point le plus élevé de l'intrados de la voûte des deux berceaux qui constituent le réservoir proprement dit. Le radier du puits est à 0^{m}767 en contre-bas de celui de ces berceaux.

---

(1) Pour avoir une réserve d'eau plus considérable et en même temps pour parer aux éventualités de réparations à l'aqueduc de dérivation ou aux conduites de distribution par suite de fractures ou dérangements, on a le projet d'établir sur le côteau, au sud du clos de Montmusard, près le chemin de la rente de Cromois, un second réservoir de la même capacité que celui ci-dessus, dont le radier sera exactement au même niveau.

Et *horizontalement* pour le demi-diamètre,

	Au niveau du radier.	A la naissance des voûtes.
Rayon du puits central (vide)....	1ᵐ25ᶜ ...	1ᵐ25ᶜ
Mur du puits.	2 »	2 »
1ᵉʳ berceau 'de voûtes (vide). . .	4 80	5 »
Mur percé des 24 arcades.	1 20	» 80
2ᵉ berceau de voûtes (vide). . .	4 60	5 »
Mur extérieur.	3 »	2 80
Totaux pareils.	16 85	16 85

Ou pour le diamètre entier. . . . . 33m 70 c.

L'extrados des voûtes dans lesquelles ont été ménagés 8 regards, est recouvert d'un mètre de terrain.

La maçonnerie de ces ouvrages, non compris l'édicule dont il va être parlé, présente un cube de 3,131 mètres 13 centièmes, dont 28 mètres 08 en pierres de taille, 417 mètres en moëllons piqués, 2,586 mètres 05 en maçonnerie ordinaire, et 100 mètres en béton hydraulique. Le tout, y compris les fouilles, a coûté 42,495 fr. 81 c.

La clef de la dernière partie des voûtes des berceaux a été posée le 5 août 1839; en sorte que la durée de la construction n'a été que de 138 jours.

Un monument d'architecture et de sculpture de forme octogone, couvert en fer et percé de huit ouvertures, au-dessus d'un soubassement plein, dans lequel est une seule porte, couronne le puits central (1). Par cette porte, on descend dans le réservoir,

---

(1) Cet édicule élevé à la suite d'un concours, d'après les dessins de M. Emile Sagot, architecte, auteur de la plus grande partie des gravures du *Voyage pittoresque en Bourgogne*, est d'un style mixte d'architectures grecque, romaine, et renaissance très-ornée.

Le soubassement en pierre dure (à entroques gris) des carrières de Fixin et Brochon, portera sur trois de ses faces des inscriptions rappelant l'époque de l'établissement des fontaines, le nom de leur auteur, le legs de M. Audra, la longueur des aqueducs, leur pente, la quantité d'eau, la dé-

au moyen d'un escalier d'abord double, ménagé dans l'épaisseur du mur du puits, ensuite simple lorsqu'il traverse ce mur
pour pénétrer dans le premier berceau de voûtes, et enfin de nouveau double, avec perron saillant, quand il est parvenu dans
cette dernière cavité.

Au réservoir est adossé, du côté du nord, le puits avec cascade
mentionné au n° 7 , § 2, de la note précédente, XXII. Son radier, exactement au même niveau que celui des deux berceaux
de voûtes, est à 4^m501 en contre-bas du radier de l'aqueduc de
dérivation, au point où commence la cascade, ou à 251^m315
mill. au-dessus du niveau de la mer.

Du fond du réservoir part, dans la direction d'abord du nord
au sud, un aqueduc qui traverse ensuite la route d'Auxerre dia-
gonalement du nord-est au sud-ouest en se prolongeant vers la
promenade située au septentrion de l'Arquebuse où il se décharge dans un fossé entrant au Jardin botanique.

Au pied de la plate-forme et sur le côté nord de la route, cet
aqueduc est traversé en contre-bas de son radier par un autre
formant la continuation du fossé par lequel s'écoule l'eau provenant des déversoirs des deux pavillons de l'aqueduc apparent
et qui se rend à la rivière d'Ouche par le lit de la petite fontaine

---

pense, etc. Au-dessus de la porte d'entrée faisant face à la ville, on lit en
lettres du 8ᵉ siècle le millésime MDCCCXXXIX.

Huit pilastres supportent un riche entablement surmonté de fleurons, et
à chaque angle duquel est gravée en relief et en caractères gothiques une
des huit lettres formant les mots LE ROSOIR ; cette partie supérieure est en
pierres blanches extraites des carrières souterraines d'Asnières, près Dijon,
d'où ont été tirés les matériaux des anciens édifices de cette ville, notamment de l'église Notre-Dame construite de 1252 à 1334, et si remarquable
par sa légèreté. Un toit en fonte et en fer à enroulements sur les arrêtes,
forme le couronnement. Dans l'intérieur, un escalier en fonte, d'une grande
légèreté , conduit aux espaces vides laissés entre les pilastres.

Une grille de fer élevée sur le périmètre octogone d'un espace pavé en
dalles, entoure ce monument placé dans le prolongement de l'axe de la rue
de la Liberté, et que, de l'intérieur de la ville, on aperçoit à une distance de
plus de 550 mètres, comme encadré par l'arc de triomphe de la porte Guillaume.

de Raines (n° 33 de la dernière annotation sous la note IX *suprà*).

Au point d'intersection de ces deux aqueducs superposés, il existe, sous un regard, une vanne au moyen de laquelle on peut, à volonté, reverser le contenu de l'un dans l'autre, et le diriger en totalité ou dans telle proportion que l'on veut, soit au Jardin botanique, soit à l'Ouche.

Au printemps prochain, et en avant à l'est, c'est-à-dire du côté de la ville, de la grille enveloppant l'édicule de couronnement du réservoir, on établira une cascade sur laquelle passera une partie de l'eau destinée au Jardin botanique, et qui sera dérivée de celle de la source, au moyen d'une petite conduite s'embranchant sur l'aqueduc principal, un peu au-dessous du pavillon oriental de l'aqueduc apparent.

§ 2. — APPAREILS DE FONTE ET MÉCANISME.

Entre le seuil de la porte par laquelle on pénètre du puits central dans le réservoir, et qui est établi à $5^m 184$ en contrehaut du radier de la première de ces cavités et à 4^m417 de celui de la seconde, il n'y a de communication de l'une à l'autre que par deux tuyaux de fonte scellés dans l'épaisseur du mur séparatif, dont le premier entièrement horizontal, que l'on désignera par la lettre A, est engagé en partie dans une rigole de 0^m20 de profondeur en contre-bas de la surface du radier et le second (B) coudé, a son orifice inférieur vertical dans le puits et son ouverture supérieure horizontale dans le réservoir, à 4 mètres 50 centimètres en contre-haut du même radier, et par conséquent à 50 centimètres au-dessous de la clef de la voûte.

Au fond du puits, viennent aboutir dans un tambour en fonte commun appelé *cuve de distribution* (C) ayant intérieurement 1^m10 de hauteur sur 0^m63 de diamètre, deux autres tuyaux horizontaux traversant dans des rigoles, aussi de 0^m20 en contre-bas du radier, les deux berceaux de voûte du réservoir avec lequel ils ne communiquent pas, et en outre les murs où ils sont scellés de manière à prévenir toute fuite d'eau.

L'un de ces tuyaux (D) pénètre dans le puits adossé au réservoir.

L'autre (E) se dirige dans l'aqueduc de *distribution* de la ville, où il se raccorde avec le tuyau qui y est placé sur des consoles.

De la même cuve de distribution, part un troisième tuyau (F), mais perpendiculaire et terminé au-dessus par un autre tambour (G), dont intérieurement la hauteur est de 0^{m}80 et le diamètre de 0^{m}884, percé au fond de huit trous de 0^{m}12 de diamètre chacun, garnis de soupapes qui, à volonté, peuvent se lever les unes indépendamment des autres.

Le fond de cet appareil est établi exactement à 0^{m}523 en contre-bas du niveau de la crête du déversoir du pavillon aval de l'aqueduc apparent et, dans sa paroi latérale, il existe au niveau du fond une ouverture donnant sur une bache ou canal en fonte (H) qui débouche dans la baie de la porte de communication du puits au réservoir à 0^{m}237 au-dessus de son seuil (I).

Enfin, un cinquième tuyau (J) en tout disposé comme celui coté E, si ce n'est qu'il n'aboutit pas à la cuve de distribution, établit une communication entre le puits central du réservoir et l'aqueduc de décharge se dirigeant vers le Jardin botanique.

Tous ces tuyaux ont un diamètre intérieur de 35 centimètres, et, à l'exception de celui coudé B, sont pourvus, à l'extrémité donnant dans le puits central, d'une vanne ou d'un robinet-vanne. Le fond de la cuve de distribution est fermé par une soupape (K) qui, à l'aide d'une longue tige à vis, s'ouvre depuis le dessus du puits.

§ 3. — JEU DES APPAREILS.

Le jeu des divers appareils qui viennent d'être décrits est extrêmement simple et facile.

---

(1) Cette bache, dont le fond est à 0^{m}534 au-dessous de celui percé à soupapes du tambour G, occupe toute la largeur de la porte de communication. Ses côtés ou bajoyères ont 0^{m}48 de hauteur.

Dans l'état ordinaire des choses, les tuyaux **D** et **E** restent ouverts et la soupape **K** fermée ; alors l'eau de la source traverse le réservoir, sans se mélanger avec celle qui y est contenue, et arrive à la ville comme par un tuyau unique.

Lorsque les fontaines et bornes-fontaines de la ville n'absorbent pas tout le produit de la source, l'excédant monte dans le tuyau perpendiculaire **F**, et, de là, à travers les trous à soupapes, dans le tambour supérieur **G** qui le verse par la bâche de fonte **H**, et ensuite par l'escalier dans le réservoir. Quand l'eau, ce qui forme le régime ordinaire, ne s'élève pas dans ce tambour au-dessus de $0^m 523$ point de niveau avec le sommet du déversoir de l'aqueduc apparent, elle entre en totalité dans le réservoir ; mais si par l'effet de son abondance, elle vient à dépasser cette cote, ou encore si les soupapes sont ouvertes en nombre insuffisant ou complétement fermées, elle reflue alors dans le puits adossé ainsi que dans l'aqueduc qui le précède et passe par-dessus le déversoir.

C'est donc la crête de cet ouvrage établie à 256 mètres 776 millimètres au-dessus du niveau de la mer, et à 5 mètres 461 millimètres en contre-haut du radier du réservoir (1) qui détermine la hauteur ou *charge d'eau* par rapport à tous les orifices d'écoulement qui existent dans la ville, les faubourgs et les promenades.

Arrivée dans le réservoir au niveau de l'orifice supérieur du tuyau coudé **B** toujours ouvert, l'eau s'y précipite et tombe

---

(1) Cette charge sur le radier du réservoir se compose des éléments suivants :

1° Hauteur du puits adossé, à partir de son radier au même niveau que celui du réservoir jusqu'au radier de l'aqueduc de dérivation au point où commence la cascade (Note XXII, § 2, n° 7, et présente note, § 1er). 4 5o1

2° Chute dans la partie de l'aqueduc entre le réservoir et le pavillon aval de l'aqueduc apparent (Même note XXII, § 1er). . . . o 300

3° Pente de cette partie d'aqueduc. . . . . o o6o

4° Hauteur du déversoir. . . . . o 600

Total pareil. 5 46r

dans le puits central, d'où elle s'écoule dans l'aqueduc de décharge du Jardin botanique par le tuyau J.

Veut-on, soit pour un cas extraordinaire d'incendie, soit pour laver l'aqueduc de Suzon, envoyer dans la ville non-seulement l'eau courante de la source, mais encore celle du réservoir, on ferme le tuyau de décharge J, et on ouvre simultanément le tuyau A et la soupape K de la cuve de distribution ; alors l'eau du réservoir se met de niveau dans le puits, entre par cette soupape et continue à passer avec celle du tuyau D dans le tuyau E. — Si l'on veut alimenter la ville seulement avec l'eau du réservoir, on ne modifie la disposition précédente qu'en fermant le tuyau d'arrivée D, ce qui fait regonfler l'eau venant de la source dans le puits adossé au réservoir, et par suite dans l'aqueduc amont qui alors la rejette dans le fossé de décharge par le déversoir du pavillon oriental de l'aqueduc apparent, et, au besoin, par celui du pavillon occidental ou amont du même aqueduc.

Tout en continuant d'envoyer directement l'eau de la source dans la ville, on peut également diriger le trop plein dans l'Ouche, au lieu de le conduire au Jardin botanique en traversant le réservoir. A cet effet, il suffit de fermer tout ou partie des soupapes du tambour G, ce qui, comme on l'a dit plus haut, fait refluer l'eau par dessus les déversoirs des pavillons de l'aqueduc apparent.

L'envoi au Jardin botanique de toute l'eau du réservoir, quand il est nécessaire de nettoyer ou réparer cet ouvrage, s'opère sans interrompre le service de la ville qui se continue par les tuyaux D et E, en fermant la soupape K de la cuve de distribution C, et en ouvrant les tuyaux A et J.

Quand le second réservoir au levant de la Porte-Neuve sera construit, on pourra alimenter momentanément la ville au moyen de l'eau qu'il contiendra, et pendant ce temps réparer ou nettoyer celui de la plate-forme, en le mettant à sec par la fermeture des robinets-vannes des tuyaux D et E, qui alors ne donneraient plus passage ni à l'eau venant de la source, ni à celle refluant de ce second réservoir situé exactement au même niveau.

XXIV.

Pag. 12, lign. 2. ....*et* 5,430 *mètres d'étendue.*

Ces aqueducs de l'intérieur de la ville sont non-seulement un accessoire essentiel des fontaines, en ce qu'ils donnent les moyens de réparer et de surveiller les tuyaux de distribution sans être obligé de bouleverser à chaque fois le pavé ; mais ils facilitent aussi l'écoulement des eaux de pluie et de neige qui souvent interceptaient le passage et entraient dans les caves.

L'ancienne Rome était sillonnée par d'immenses aqueducs placés sous la protection d'une divinité spéciale appelée *Cloacine* (1), et qui servaient à écouler dans le Tibre les eaux et les immondices qu'on y apportait de chaque maison, privée de puisards et de lieux d'aisances. Le premier fut construit par Tarquin l'Ancien, et le plus beau par Agrippa, gendre d'Auguste, qui, pendant son édilité, en fit la dépense ; il était d'une dimension telle qu'on le parcourait en barque, et que l'on pouvait y faire passer un chariot chargé de foin : *Vehes fœni largè onusta.* Dans l'origine, ils suivaient tous la direction des rues, *per publicum ductæ ;* mais après l'incendie de Rome par les Gaulois, un autre alignement ayant été adopté, ils se trouvèrent la plupart sous les maisons (2).

Pendant la république, les censeurs avaient l'inspection des égouts. Sous les empereurs, ce soin fut confié aux édiles qui, à cet effet, nommaient des officiers appelés *curatores cloacarum,* et percevaient pour les réparations et l'entretien de ces constructions une taxe dont parle Ulpien, et qui était connue sous le nom de *cloacarium.* Il était défendu, sous les peines les plus sévères, de se livrer à des violences envers les ouvriers chargés de les réparer et de les entretenir, ni de les gêner dans leurs travaux, parce que, dit le même jurisconsulte : *Utrumque et ad salubritatem civitatum et ad tutelam pertinet : nam et cœlum pestilens et ruinas minantur immunditiæ cloacarum.* Par le même motif, les particuliers ne pouvaient s'emparer de l'eau qui refluait des réservoirs publics, et qui servait à laver ces

---

(1) St.-Augustin, *Cité de Dieu*, liv. 4, ch. 23.
(2) Tite-Live, 5, 55.

égouts : *Caducam neminem volo aquam ducere,* porte un rescript de l'empereur, adressé au conservateur des aqueducs de Rome, *nisi qui meo beneficio aut priorum principum habent : nam necesse est ex castellis aliquam partem aquæ effluere, cum hoc pertineat non solum ad urbis nostræ salubritatem, sed etiam ad utilitatem cloacarum abluendarum.* Le jurisconsulte et guerrier Frontin qui, à la fin du 1er siècle de l'ère chrétienne, fut conservateur des aqueducs et intendant des eaux de Rome, nous apprend dans le curieux ouvrage qu'il a écrit *de aquæductibus urbis Romæ*, nos 105, 110 et 111, que les concessions d'eau superflue n'étaient accordées qu'avec une extrême difficulté : *Impetrantur autem et hæ aquæ quæ caducæ vocantur, id est quæ aut ex castellis effluunt, aut ex manationibus fistularum, quod beneficium a principibus parcissimè tribui solitum.* Les concessions n'étaient même jamais que personnelles : *Jus impetratæ aquæ*, continue le même auteur, *neque hæredem, neque emptorem, neque novum dominum sequitur.*

Sous Trajan et Nerva, les soins donnés aux cloaques n'étaient pas moins actifs, comme on le voit encore par différents passages de Frontin : *Ne prætereuntes quidem aquæ otiosæ sunt : nam immunditiarum facies, et impurior spiritus, et causæ gravioris cæli, quibus apud veteres, urbis infamis aer fuit, sunt remotæ;* mais, plus tard, les Barbares ayant saccagé la ville, les égouts furent négligés ou détruits, et il en résulta des maladies qui décimèrent la population. Ce fut principalement pendant la résidence des papes à Avignon que le mal fut porté à son comble : en peu de temps le nombre des habitants se trouva réduit à trente mille. Léon X s'occupa avec activité de remédier à ce fâcheux état de choses, en faisant construire de nouveaux égouts et réparer les anciens ; aussi, à la fin de son pontificat, Rome comptait 80,000 âmes.

Dès longtemps on a senti le besoin d'établir dans **toutes les grandes villes** modernes des moyens de décharge **pour les eaux pluviales** des places et rues, ainsi que pour les immondices qu'elles entraînent. En Angleterre, et particulièrement à Londres, les égouts sont très-multipliés, et ne servent pas seulement à assainir la voie publique ; ils reçoivent aussi les eaux sales et même les matières provenant des lieux d'aisances de chaque maison, qui s'y écoulent par des rigoles ou corps en forme de siphons dont les cuvettes sont pourvues de diaphragmes, afin d'empêcher les exhalaisons infectes et l'introduction des rats. Ce vaste ensemble de canaux souterrains établis sur de grandes dimensions, d'une construction très-soignée, et livrant passage à de véritables cours d'eau, ne sont pas une des moindres curiosités de Londres.

C'est à un de nos anciens compatriotes, Hugues Aubriot, prévôt des marchands et intendant des finances sous Charles V, mort en 1382, à Dijon dont, en 1364, il avait administré la mairie par ordre du duc de Bourgogne, qu'est dû le premier égout voûté de Paris, celui qui descend du quartier Montmartre au ruisseau de Ménilmontant (1). Depuis, il en a été établi un grand nombre d'autres, parmi lesquels on doit distinguer, à raison de sa solidité, de ses vastes dimensions et du luxe de sa construction, celui de la rue de Rivoli. A la fin de 1836, Paris en possédait 70,708 mètres de longueur, dont plusieurs par une disposition assez commode, mais fort dangereuse, et que par ce motif on n'a pas voulu adopter à Dijon, renferment en même temps les tuyaux destinés à la conduite du gaz, et ceux qui distribuent l'eau dans les différents quartiers (2).

On a profité de l'établissement des fontaines pour introduire à Dijon cette amélioration que doit compléter la canalisation du lit du torrent qui traverse la ville du nord au sud. (Note V. *suprà*).

Les aqueducs dont la construction a commencé au mois de mars 1840, suivent les directions, et présentent les longueurs, largeurs, mode de construction et dispositions accessoires ci-après :

§ I. Directions et dimensions en longueur.

Le PREMIER part du réservoir de la plate-forme, suit la rue

---

(1) *Antiquités de Paris*, par Sauval, tom. 1ᵉʳ, pag. 248 et suiv.

(2) Le régime des égouts de Paris est réglé par un arrêt du Conseil d'Etat du 22 janvier 1785, reproduit dans une ordonnance royale du 30 septembre 1814.

de la Liberté, le diamètre de la place Royale, la rue Rameau, une partie de la place Saint-Etienne, parallèllement à la façade du théâtre, jusque vis-à-vis la troisième colonne, à partir de l'ouest, tourne en ce point à angle droit vers le sud, traverse le surplus de la même place, la rue Chabot-Charny jusqu'à la porte S.-Pierre, le rayon de la place S.-Pierre, et se termine à un petit caveau sous le centre du bassin situé au milieu de cette place.

La portion comprise entre la porte Saint-Pierre et le bassin, a ses deux parois latérales garnies de consoles en pierre pour supporter le double tuyau d'arrivée de l'eau au jet d'eau, et d'écoulement du trop plein dans le lavoir. Une rigole a été ménagée dans la cuvette pour décharger dans Suzon la portion d'eau non utilisée.

Il y a deux *points culminants :* l'un au réservoir, l'autre dans la rue Saint-Michel. Les eaux comprises entre ces points s'écoulent dans le canal de Suzon, sous la rue Dauphine, et celles depuis la place Saint-Etienne sont versées presque sous la grille de la porte Saint-Pierre, dans le bras du même torrent qui tourne autour de la ville; celles de ce second point culminant peuvent à volonté être dirigées ou vers la rue Dauphine, ou vers la porte Saint-Pierre.

Longueur :

du réservoir aux pilastres de la porte Guillaume. 252 65

de ce point à l'embranchement de la rue Bossuet. 270 05
de cet embranchement à celui de la rue des Godrans 5 60
de là au cours de Suzon (rue Dauphine). 56 50
de ce cours à l'aqueduc de la rue du Bourg. 87 50
de celui-ci à celui de la Cour de Bar. . 195 50
de ce dernier à l'angle droit devant la salle de spectacles. 62 20
de ce point à l'embranchement de la rue St.-Pierre. 436 30
de cet embranchement au lit de Suzon. 38 50

} 1,152 15

de ce lit au centre du bassin. 91 60

____

1,496 40

Diamètre des tuyaux : — Du réservoir au coude devant le théâtre, 0m35 ; de ce point jusqu'au bassin du jet d'eau, 0m19.

Le SECOND a son origine au centre géométrique de la place semi-circulaire St.-Bernard, suit la rue des Godrans, se confond sur une longueur de 5 mètres 60 cent. avec l'aqueduc n° 1, en remontant vers l'ouest, et ensuite parcourt la rue Bossuet, la place St.-Jean et la rue Porte-d'Ouche, jusqu'à la porte à côté du pilastre sud de laquelle il se décharge dans un fossé aboutissant à l'Ouche. — Il présente actuellement entre la rue Crébillon et la rue du Sachot, deux lacunes ensemble de 32 mètres 40 cent. qui ne pourront être construites qu'après la canalisation du lit de Suzon qui traverse deux fois la rue Porte-d'Ouche.

La partie entre l'extrémité de la rue Crébillon et la porte d'Ouche devant servir de canal au bras du torrent qui parcourt la ville et dont l'ancien lit, très-sinueux en cet endroit où il recevait autrefois la fontaine de Raines, sera abandonné, a 2 mètres de large sur 2 mètres de haut. Sa cuvette est accompagnée d'une banquette de 40 centimètres de haut sur un mètre de large.

Il a aussi deux *points culminants*, l'un à la place St.-Bernard et l'autre à l'embranchement sur l'aqueduc n° 1er. — La première partie déverse ses eaux dans ce dernier aqueduc, et la deuxième dans le fossé à la porte d'Ouche.

Longueur :

de la place St.-Bernard à l'embranchement de la rue Musette.	277	95
de là à l'aqueduc n° 1er sous la rue de la Liberté.	105	10
de ce point à la rue Crébillon.	461	00
de cette rue à la porte d'Ouche moins les 2 lacunes.	190	80
les deux lacunes de 32m40.	»	»
	1,034	85

Embranchements.

1° dans la rue Musette, depuis celle des Godrans où
il a son point culminant, jusqu'à la rue Odebert,
destiné à être prolongé de 49 mètres jusqu'au lit
de Suzon dans lequel il versera ses eaux. . . .   80 00
2° de l'entrée (sud) de la rue St.-Philibert. . . .   40 25

1,155 10

Diamètre des tuyaux : — 0^m135 dans toute l'étendue.

Le TROISIÈME prend naissance dans l'aqueduc n° 1er, suit la
rue du Bourg, la place St.-Georges, la rue Berbisey, jusqu'à
la rue du Chaignot, tourne en ce point à angle droit vers l'ouest,
suit le commencement de la rue du Morimont et aboutit au
canal de Suzon qui traverse cette rue près de l'entrée de la rue
Crébillon.

Il n'a qu'un *point culminant* à son embranchement sur l'a-
queduc n° 1er.

Longueur :

de l'aqueduc n° 1er à la rue du Chaignot. 504 00
commencement de la rue du Morimont. 37 00

541 00

Embranchement du regard de la rue du Chaignot.   2 45

543 45

Diamètre des tuyaux : — De la rue de la Liberté à la place
St.-Georges, 0^m162 ; de là à la rue des Carmelites, 0^m135 ; de
cette rue à l'entrée de la rue Crébillon, 0^m108.

Le QUATRIÈME, qui forme aussi un embranchement de l'aqueduc n° 1er, traverse la cour du Logis-du-Roi dite de Bar, la
place des Ducs de Bourgogne, suit la rue Verrerie jusqu'à la
rue du Champ-de-Mars, là tourne à angle droit vers l'ouest,
parcourt cette dernière rue dans toute sa longueur et aboutit sous
la rue de la Préfecture, vis-à-vis la rue Neuve-Suzon, dans
l'aqueduc construit en 1816 par M. Henri Weis sous cette rue,

et qui débouche sous la place Suzon dans le lit du torrent. La partie sous la rue du Champ-de-Mars n'ayant pu, à raison du raccordement avec le canal de Suzon, être établie à une profondeur aussi grande que le surplus, n'est point voûtée ; elle est seulement recouverte avec de fortes dalles qui lui laissent une hauteur dans-œuvre d'un mètre 20 c. au moins.

L'aqueduc Weis, établi moyennant une indemnité payée à la ville pour l'écoulement des eaux d'une brasserie, a 90 cent. de hauteur sur 60 cent. de largeur.

Le *point culminant* de cet aqueduc n° 4 est, à son embranchement sur l'aqueduc n° 1er rue Rameau, à 90 centimètres au-dessus du radier de celui-ci, et sa décharge se fait dans Suzon, sous la place de ce nom.

Longueur :

de la rue Rameau à celle du Champ-de-Mars. . . . 340 00
de la rue Verrerie à la jonction avec l'aqueduc
Weis. 144 40
de là à l'embouchure dans Suzon. 113 00
                                                 ———————
                                                  597 40

Embranchement depuis le coude à l'entrée de la rue du Champ-de-Mars jusqu'à l'aqueduc n° 6 ci-après, sur la place du Coin-des-Cinq-Rues. . . .   64 10
                                                 ———————
                                                  661 50

Diamètre des tuyaux : — De l'aqueduc n° 1er à l'aqueduc n° 6, 0m162 ; rue du Champ-de-Mars, 0m108.

—A l'embranchement sur l'aqueduc n° 1er, il existe dans le tuyau de 0m35 qui le parcourt, un robinet qui permet de verser les eaux sur le radier même de cet aqueduc n° 4, et de les envoyer ainsi en gros volume au canal de Suzon pour le laver.

Le cinquième part de l'aqueduc n° 1er à l'angle droit qu'il forme devant le théâtre, suit les rues de la Monnoye et Jeannin, et aboutit sur le côté sud de la Porte-Neuve à un fossé qui se dirige dans le bras de Suzon enveloppant la ville.

Son *point culminant* est sur la place St.-Etienne à l'entrée

de la rue de la Monnoye, et il déverse ses eaux à la Porte-
Neuve.

Longueur :

de l'angle droit de l'aqueduc n° 1er, lorsqu'il se dirige vers la rue Chabot-Charny, à la rue de la
Monnoye. 24 20

de la place St.-Etienne à la rue Jeannin. 128 60

de la rue de la Monnoye à l'embranchement de l'a-
queduc suivant n° 6. . . . . 33 30

de cet embranchement à la Porte-Neuve. 359 80

545 90

Embranchement de la rue St.-Michel. 21 10

567 00

Diamètre des tuyaux : — 0^m162.

Le SIXIÈME s'embranche sur le précédent dans la rue Jeannin,
devant la porte de l'hôtel des Archives, suit la rue St.-Nicolas
en traversant la petite place dite du Coin-des-Cinq-Rues, où il
reçoit l'embranchement de l'aqueduc n° 4 ci-dessus, arrive au
centre de la place hors la porte St.-Nicolas, et de là inclinant
à l'est en suivant la rue de Gray, se termine au cours de Suzon
sous le pont.

Il a son *point culminant* vis-à-vis les maisons n°s 35 et 44 de
la rue St.-Nicolas. Les eaux de la partie au nord s'écoulent dans
le bras de Suzon hors la ville. Celles de la partie au midi jusqu'à l'embranchement de l'aqueduc n° 4, peuvent à volonté être
dirigées soit dans ce dernier qui les conduit sous la place Suzon, soit dans l'aqueduc de la rue Jeannin, n° 5, en suivant le
surplus au sud du présent n° 6, dont le versant est de ce côté.

Longueur :

de l'aqueduc n° 5 à l'embranchement de l'aqueduc
n° 4. . . . . 201 20

de ce point au centre de la place St.-Nicolas. . . 222 75

de là au cours de Suzon. 73 40

497 35

Diamètre des tuyaux : — De l'aqueduc n° 5 à l'aqueduc n° 4, 0ᵐ135 ; de ce point à la place St.-Nicolas, 0ᵐ162.

Le SEPTIÈME part de la place des Cordeliers, à onze mètres de l'entrée de la rue Charrue où il a son *point culminant*, suit la rue St.-Pierre et aboutit rue Chabot-Charny à l'aqueduc n° 1ᵉʳ dans lequel il verse ses eaux.

Sa *longueur* est de. 293 70

Diamètre des tuyaux : — 0ᵐ135.

RÉCAPITULATION DES LONGUEURS.

Aqueduc n° 1ᵉʳ. 1,496 40
       2. . . . . 1,155 10
       3. . . . . 543 45
       4. . . . . 661 50
       5. . . . . 567 00
       6. . . . . 497 35
       7. . . . . 293 70

                           5,214 50

Embranchements de diverses conduites posées en tranchées. . . . . 167 50 ⎫
Embranchements de bornes-fontaines. . 161 00 ⎬ 328 50

Total des longueurs de l'aqueduc de distribution. 5,543 00

A quoi il faut ajouter :

1° L'aqueduc de décharge du réservoir traversant la route royale n° 70, et aboutissant au fossé occidental de la promenade au nord de l'Arquebuse, de. . . . . 287 90 ⎫
2° Celui traversant le précédent et servant à l'écoulement des eaux des déversoirs de l'aqueduc apparent, de. . . . 70 40 ⎬ 358 30

Ces deux aqueducs ont un mètre de haut sous clef sur 60 cent. de largeur.

Total général. 5,901 30

§ 2. — DIMENSIONS EN LARGEUR, MODE DE CONSTRUCTION.

A part les exceptions indiquées au paragraphe précédent et qui portent seulement sur une longueur de 806 mètres 50 cent., tout le surplus des aqueducs de distribution d'un développement de 5094 mètres 80 cent. présente une section intérieure de 1 m 75 de hauteur sous la clef de la voûte en plein cintre sur les largeurs de 0 m 70 pour ceux des rues du Bourg, Verrerie, Champ-de-Mars et Musette et de 0 m 90 (1 m 59 carrés) pour tous les autres.

Une des parois est garnie de consoles de pierre dont la face supérieure, destinée à supporter les tuyaux de fonte, est à 0 m 65 en contre-haut du radier.

Afin de diminuer la saillie de ces tuyaux, il a été ménagé immédiatement au-dessus des consoles, dans le mur où elles sont infixées, un renfoncement ou tranchée continue de 0 m 10 de profondeur sur les hauteurs de 0 m 30 pour les tuyaux de 0 m 35 de diamètre; de 0 m 25 pour ceux de 0 m 19 à 0 m 16, et 0 m 20 pour les autres.

L'épaisseur du radier est de 0 m 30 sur l'axe de l'égout et de 0 m 35 à l'aplomb du nu intérieur des pieds droits, de manière à présenter un arc de cercle concave de 0 m 05 de flèche ; celle du pied-droit, dans lequel sont les consoles, de 0 m 45, de l'autre pied-droit de 0 m 40 ; enfin, de la voûte à ses naissances, de 0 m 37 et à son sommet ou à la clef, de 0 m 30.

La maçonnerie, faite avec d'excellents matériaux liés par un mortier de chaux hydraulique, produit par mètre linéaire, un cube de 2 m 28, revenant comme pour l'aqueduc de dérivation, à 7 fr. 74 c. le mètre cube, rabais déduit.

§ 3. — OUVRAGES ET DISPOSITIONS ACCESSOIRES.

1° *Tranchées.* — Les conduites les moins importantes ou passant sous les rues les moins fréquentées ont été posées en tranchées, c'est-à-dire sont enfouies dans le sol même à 1 m 20 au moins de profondeur (Voy. pour leur longueur *infrà*, le 2ᵉ tableau du n° 1 de la note XXV).

2° *Regards.* — Dans la ville et les faubourgs, il existe 32 regards ou trappes de service dont 23 placés sur les aqueducs (1) et 9 sur les tranchées.

Chaque regard se compose d'une plaque de fonte (appelée *châssis*) de 0 m 94 de longueur sur 0 m 822 de largeur, au milieu de laquelle est une ouverture circulaire de 0 m 60 de diamètre fermée exactement par un disque mobile ou *tampon* ayant à son centre une *lumière* de 0 m 06 sur 0 m 03. Ces trappes sont de deux modèles : le plus fort, employé dans les endroits où passent de grosses voitures, pèse 500 kilogr., et l'autre, destiné aux accotements, 250 kilogr. seulement. Leur surface est garnie d'aspérités de formes et de reliefs différents, selon le modèle.

Elles reposent au niveau du pavé sur de grosses pierres de taille des carrières de Chanceaux, percées d'une ouverture égale à celle du châssis de fonte et s'évasant par dessous.

3° *Caveaux.* — Aux points où viennent se réunir plusieurs conduites en galeries ou en tranchées (2), il a été construit de petits caveaux circulaires de 2 m 50 de diamètre intérieur sur 2 m 50 de hauteur sous la clef de la voûte hémi-sphérique qui les couvre et qui est percée d'un regard. Ces caveaux, au nombre de huit, renferment chacun une cuve de distribution (Voy. *infrà,* note XXV, § 2, n° 2).

4° *Entrée principale des aqueducs.* — Aux termes d'une délibération du Conseil municipal du 9 avril 1842, il doit être établi dans le pavillon occidental de la grille de la Cour d'Hon-

---

(1) Lorsque la disposition des lieux l'a permis, les regards ont été établis sur les accotements au moyen d'embranchements communiquant à l'aqueduc, ce qui permet d'ouvrir les tampons sans gêner le passage des voitures.

(2) Ces points sont à la jonction des rues, 1° Vauban et du Palais sur la place Royale; 2° Buffon et Legouz-Gerland; 3° Berbisey et du Chaignot; 4° Jeannin et Saumaise; 5° de la Préfecture et Chantal; 6° de Pouilly, Ste.-Catherine et Ste -Marguerite; 7° Montigny, Sambin et St.-Bernard sur la place de ce nom; 8° enfin des Tanneries et de l'Hôpital devant cet établissement.

neur de l'Hôtel-de-Ville, un escalier pour descendre commo-
dément dans l'aqueduc n° 1er et de là les parcourir tous sans être
obligé de passer par les regards.

5° *Bouches d'égouts.* — Les aqueducs de distribution étant
destinés non-seulement à renfermer les conduites d'eau pure,
mais aussi à recevoir sur leur radier les eaux qui, aujourd'hui,
s'écoulent à la surface de la voie publique, on a le projet, lorsque les rues seront pourvues de trottoirs, de pratiquer de distance en distance, sous la bordure de couronnement de ces ouvrages des ouvertures ou bouches communiquant avec l'aqueduc
et servant à y déverser les eaux des ruisseaux. Deux de ces
bouches existent déjà à l'extrémité sud de la rue St.-Philibert
et une troisième au milieu de la rue Musette. Ce mode d'écoulement est bien préférable à celui opéré au moyen de grilles sur
l'aqueduc qui s'engorgent facilement et nécessitent dans le pavé
des cassis dangereux et incommodes.

XXV.

Page 12, ligne 5. ...*une longueur de 11,611 mètres.*

§ 1er. — CONDUITES EN FONTE.

Les tuyaux sont de cinq espèces différentes, savoir :

1° À emboîtement et cordon (l'extrémité de l'un, terminée
par un simple cordon, entrant dans un évasement ménagé à
l'extrémité de l'autre) ;

2° À double emboîtement (évasement aux deux extrémités) ;

3° À double bride (chaque extrémité terminée par une rondelle plate perpendiculaire à l'axe du tuyau et s'appliquant à la
rondelle du tuyau suivant) ;

4° À emboîtement d'un côté et bride de l'autre ;

5° Et à bride d'un bout et cordon de l'autre extrémité.

Chacune de ces cinq espèces est unie ou avec tubulure, c'est-
à-dire avec orifice latéral à bride. — Il y en a qui sont *coudés*
ou courbes présentant des arcs de différents rayons.

Ils sont assemblés : ceux à emboîtements avec de la filasse
goudronnée et du plomb fondu maté ; et ceux à bride avec deux

boulons à vis traversant tant les brides qu'une rondelle de plomb interposée, garnie de cuir sur ses deux faces.

Les tuyaux qui ont été généralement employés sont ceux à emboîtements et cordons qui se prêtent aux variations de longueur que la différence de température peut faire éprouver à la fonte (1); cependant, de distance en distance, on a placé un tuyau à double bride entre un à bride et emboîtement et un autre à bride et cordon, afin de pouvoir visiter, nettoyer et réparer au besoin une partie de la conduite sans être obligé de démonter la totalité de la ligne.

Chaque espèce de tuyau présente plusieurs variétés de diamètres dont voici les dimensions prises intérieurement, les épaisseurs et en outre (pour les tuyaux à emboîtement et cordon seulement) le poids, ainsi que la longueur du tuyau mesurée non compris la partie évasée :

DIAMÈTRE intérieur.	ÉPAISSEUR.	LONGUEUR.	POIDS.
0,350	0,017	2^m50	416 kil.
0,190	0,0145	id.	200
0,162	0,014	id.	150
0,135	0,013	id.	125
0,108	0,012	2	75
0,081	0,011	id.	50
0,060	0,01	id.	32

Le tableau suivant indique la longueur des tuyaux de ces divers diamètres qui, au 1er janvier 1845, étaient posés tant

---

(1) D'après Tredgold, la fonte se dilate de 0,^{m}0000111 par degré du thermomètre centigrade, en sorte qu'à $+$ 10 degrés un tuyau de 1,000 mèt. s'alonge de 111 mill. — Cet inconvénient ne pourrait avoir lieu qu'autant que les tuyaux seraient vides, et encore est-il peu à craindre en ce qu'ils sont sous des galeries et dans de profondes tranchées où la température ne varie que très-peu.

sous galeries, c'est-à-dire sur les consoles de l'aqueduc de distribution qu'*en tranchées :*

DIAMÈTRES.	LONGUEURS.		
	sous galeries.	en tranchées.	totales.
0,350	1,013 80	»	1,013 80
0,190	566 40	»	566 40
0,162	1,222 10	10	1,232 10
0,135	1,545 05	1,313 30	2,858 35
0,108	573 40	1,810 80	2,384 20
0,081	4 50	3,123 30	3,127 80
0,060	86 90	341 70	428 60
	5,012 15	6,599 10	11,611 25

Ils ont tous été essayés à la pression de 10 à 11 atmosphères produite au moyen d'une presse hydraulique (1).

§ 2. — Accessoires des conduites.

1° *Robinets.* — A tous les points d'embranchement d'une con-

----

(1) Cet essai, à une aussi haute pression équivalente à celle d'une colonne d'eau de 100 à 110 mètres de hauteur, pourrait paraître superflu, puisqu'au point le plus bas de la ville la charge d'eau ne dépasse pas de beaucoup une atmosphère et demie, si l'on ne savait qu'au moment où on arrête l'eau dans une conduite il s'opère un choc ou *coup de bélier* qui la ferait inévitablement rompre si sa force de résistance n'avait été calculée que pour supporter la charge d'eau à laquelle elle doit être ordinairement soumise. Lors de la pose à Dijon de la conduite de la cour de Bar, l'ouvrier ayant voulu arrêter brusquement l'eau dans celle de 0^{m}35 de la rue Rameau, un des tuyaux éclata avec un bruit pareil à une détonation d'arme à feu.

Dans la vue de prévenir ces chocs par une trop prompte fermeture des robinets, on a multiplié les pas des vis qui font mouvoir les vannes. Il faut au moins soixante tours de clef pour les abaisser complétement.

Le savant ingénieur, M. d'Aubuisson (*Hist. des font. de Toulouse*, pag. 56), regrette de n'avoir fait les épreuves des tuyaux de cette ville qu'avec une charge de 4 atmosphères en annonçant qu'aujourd'hui il en exigerait 10, comme on le fait d'ailleurs à Paris. A Reims, l'essai des tuyaux a eu lieu à 15 et 18 atmosphères.

duite sur une autre, ainsi qu'à tous ceux où on a voulu se réserver le moyen d'arrêter l'eau, la ligne de tuyau est interceptée par un appareil, partie en fonte et partie en cuivre, appelé *robinet-vanne*, qui s'ouvre à volonté et a un diamètre intérieur égal à celui du tuyau auquel il est adapté. Les robinets des tuyaux de 6 centimètres, dits *robinets à boisseau* ou *à tournant*, sont tout en cuivre et d'une construction différente.

2° *Cuves de distribution*. — Aux points où plus de trois tuyaux viennent se réunir, leur jonction s'opère au moyen d'un appareil nommé *cuve de distribution*, consistant en un cylindre de fonte creux et recouvert d'un plateau qui y est retenu par des boulons à écrou. Sur les parois latérales de ce cylindre, il existe des tubulures auxquelles s'adaptent les tuyaux à l'aide de robinets-vannes. Dans plusieurs, le plateau inférieur est aussi percé d'une tubulure de décharge munie d'un robinet servant au nettoyage de la conduite. — C'est un appareil de ce genre, mais de la plus grande dimension qui, au fond du puits central du réservoir de la plate-forme, établit la communication entre l'aqueduc de dérivation et la conduite de distribution (Voy. *suprà*, note XXIII, § 2).

3° *Ventouses*. — Dans deux ou trois points culminants de la ville, où il n'existe pas de bornes-fontaines, on a placé des *ventouses* ou évents à soupapes avec flotteur ayant pour but de faire sortir l'air qui, en se dégageant de l'eau, se porte à ces sommets et gênerait ou arrêterait même l'écoulement, si on ne lui donnait pas une issue que les bornes-fontaines lui procurent naturellement dans les autres points élevés.

4° *Appareil de vérification*. — Afin de surveiller sans se déplacer la marche de la distribution de l'eau dans l'intérieur de la ville, et savoir si, aux heures indiquées, les bornes-fontaines coulent, si un tuyau est cassé, si les concessionnaires par abonnement ne commettent pas des abus, etc., on se propose d'établir à l'Hôtel-de-Ville un tuyau vertical élevé sur la conduite principale, et dont la partie supérieure, formée d'un tube de verre gradué, laissera voir, au moyen d'un flotteur, l'état de la hauteur de l'eau au réservoir, et indiquera son débit (1).

— La quantité de fonte employée jusqu'au 1er janvier 1845, tant en tuyaux que regards et bornes-fontaines, s'élève à 689,976 kilogrammes, dont une partie a été payée 285 fr. 28 centimes les mille kilog., et l'autre 276 fr. 75 cent. seulement.

XXVI.

Pag. 12, lign. 11. ....*des secours en cas d'incendie.*

Les divers appareils au moyen desquels les eaux abondantes de la source du Rosoir sont utilisées au profit de la ville dans l'intérêt de la salubrité, de la sécurité et de l'agrément publics, exigent chacun une description particulière.

I° Bornes-fontaines. — Les bornes-fontaines généralement placées aux points culminants des rues, afin de verser leurs eaux de deux côtés (2) lors des arrosements journaliers, sont, dans l'intérieur de la ville, moyennement à 100 mètres de distance les unes des autres, de telle sorte qu'en général on n'a pas plus de 50 mètres à parcourir pour en trouver une (3). Ces bornes

---

(1) On a vu *suprà*, note XXII, § 3, n° 6, qu'un moyen analogue dans son but, mais différent dans sa forme, est mis en usage pour reconnaître si l'aqueduc de dérivation de la source au réservoir ne perd pas l'eau en quelque point.

(2) Il n'y a que peu de rues dont les deux ruisseaux ne soient point parcourus par l'eau des fontaines. Pour compléter entièrement le système d'arrosage de la voie publique, il suffirait d'établir en certains points culminants, vis-à-vis les bornes déjà existantes, d'autres plus petites, pourvues seulement de bouches à clefs, mais sans modérateurs, sans robinets et sans trottoirs. Elles seraient également très-utiles en cas d'incendie.

(3) La ville de Dijon *intrà-muros* ayant la forme d'un ovale irrégulier dont le grand rayon du Quinconce du rempart de Guise à la porte St.-Nicolas), a environ 1,450 mètres de longueur, et le petit (coupant à angle droit, le

en fonte ont 77 centimètres de hauteur (1), et sont pourvues intérieurement d'un ingénieux mécanisme qui se prête

---

précédent, de la porte Guillaume à la porte St.Pierre), à peu près 930 mètres, présente une superficie ainsi composée :

	h.	a.	c.
Edifices publics et églises.	11	09	86
Maisons, cours et jardins particuliers.	71	11	75
Rues et places publiques.	27	28	06
Et dès-lors en tout, de.	109	49	67

Les longueurs réunies de ces rues et places sont d'environ. . 16,200 m.
Celles des remparts de. 3,800

Ou en totalité de. 20,000

Si ce développement formait une ligne unique, la distance moyenne des 100 bornes-fontaines de l'intérieur de la ville serait de 200 mètres ; mais elle se trouve réduite à moitié par l'effet de la disposition des rues qui, en se croisant, font profiter concurremment plusieurs d'entre elles de la même borne-fontaine placée au carrefour auquel elles aboutissent.

Cette distribution de l'eau presque à la porte de chaque maison est un immense bienfait, surtout pour la classe laborieuse dont le travail et par suite l'utile emploi du temps constituent la seule richesse. C'est particulièrement dans les villes d'industrie que l'avantage de se procurer, sur-le-champ et sans fatigue, un objet d'une consommation continuelle et si étendue, est apprécié. Lord Brougham le fait ressortir d'une manière bien saisissante dans son ouvrage sur les *machines et leurs résultats* où, après avoir démontré que le transport de l'eau à domicile soit par les habitants, soit par des industriels, coûterait des sommes énormes et par conséquent ferait diminuer son usage aux dépens de la santé publique, il dit que sans ses fontaines multipliées, « Londres n'aurait pu atteindre qu'une faible fraction de son étendue » et de sa population actuelle » Dans des *observations sur les concessions d'eau,* adressées le 5 mars 1833 au Conseil municipal de Paris qui y a fait droit par délibération du 19 avril suivant (brochure de 42 pages in-8°), M. Emmery, ingénieur en chef chargé du service des eaux de cette importante cité, s'exprime en ces termes, page 20 : « Nous regardons la suppres» sion d'une borne-fontaine comme une calamité réelle, comme la cause » d'un véritable accroissement de mortalité pour la classe malheureuse. » — On a calculé qu'à Lyon le mode actuel de transport de l'eau nécessaire à la population (seulement à raison de 20 litres par habitant) entraînait une perte de travail utile en valeur de plus d'un million par an.

(1) Leur hauteur totale est de 1m 25c, dont 48 au-dessous du niveau du

à leur multiple destination : 1° ouvertes à gueule-bée, elles débitent pour l'arrosement des rues, chacune environ 170 litres d'eau par minute ; 2° maintenues en hiver à écoulement continu, mais beaucoup moins fort, elles donnent une quantité de 15 à 20 litres par minute, suffisante pour empêcher que l'eau renfermée dans le tuyau ascendant ne gèle ; 3° dans les autres saisons et entre les heures d'arrosement, elles fournissent, au moyen de la simple pression de la main sur le bouton qui les couronne, l'eau nécessaire aux usages domestiques ; 4° enfin, en remplaçant leur bouche d'eau par un boyau en cuir qui s'y adapte à vis (1), on obtient, en cas d'incendie, un jet continu de

---

trottoir sur une largeur de 38 centim. et une épaisseur de 25 centim. Elles sont arrondies au-dessus et présentent sur leur face antérieure, indépendamment de la bouche d'eau placée au milieu d'une rosace, un D gothique orné, traversé par une couronne murale, et au-dessous le millésime M. DCCC. XLI, le tout moulé en relief. Dans l'extrados de la courbure supérieure il existe une porte en tôle fermant à clef, au moyen de laquelle on manœuvre le robinet et le *modérateur* servant à produire le jet et à lui donner le degré de débit que l'on veut d'une manière soit continue, soit intermittente à l'aide de la pression de la main sur un bouton extérieur. Cette simple et ingénieuse disposition n'existe nulle part ailleurs que l'on sache.

La borne-fontaine du poids moyen de 150 kilogrammes revient, posée avec tous ses accessoires, tuyau alimentaire en plomb, massif de maçonnerie, trottoir en asphalte, cuvette, bouche à clef, etc., au prix moyen de 300 francs.

Sur chaque borne-fontaine ou à côté on gravera prochainement les chiffres indicatifs du niveau de sa bouche d'eau en contre-bas du fond ou radier du réservoir de la porte Guillaume et au-dessus du niveau de la mer. Cette indication, non-seulement fera connaître à l'instant la hauteur jusqu'à laquelle l'eau peut s'élever dans les maisons de la rue, mais aussi présentera un nivellement général de la ville de la plus haute utilité pour le pavement de ses rues et la construction des édifices, et remplacera d'une manière très-exacte l'opération du même genre qu'un avis du conseil d'état du 3 septembre 1811 a prescrit relativement à la ville de Paris comme complément de son plan d'alignement.

(1) Tous les raccordements et garnitures des boyaux des pompes à incendie ont le même pas de vis que les bouches d'eau des bornes-fontaines. — Chaque pompe est pourvue de deux clefs nécessaires pour ouvrir la porte supérieure de la borne et son robinet intérieur.

170 litres par minute, que l'on peut ou conduire dans les pompes, ou, au moyen d'une lance de pompier vissée à l'extrémité du boyau, diriger immédiatement sur la partie embrasée du bâtiment jusqu'à une hauteur variable de 6 à 16 mètres, selon le quartier.

Au-dessous de la bouche d'eau, et en saillie de 15 centimètres sur le pavé, se trouve engagée dans un trottoir en asphalte une cuvette en pierre, couverte d'une grille et pourvue de deux ouvertures, l'une latérale, fort large, donnant issue à l'eau destinée à l'arrosement de la voie publique, et l'autre au fond, de cinq centimètres de diamètre, garnie d'une soupape, et communiquant, soit avec l'aqueduc, soit avec un puisard pratiqué à proximité, et par laquelle le produit de l'écoulement continu lors des gelées, s'échappe sans se répandre à l'entour (1).

On a placé près de chaque borne une buse dite *bouche à clef,* qui ne dépasse pas le niveau du pavé, et à plus d'un mètre au-dessous de laquelle est adapté, au tuyau alimentaire, un robinet que l'on peut fermer avec une longue clef lorsqu'il y a quelque réparation à faire à la borne, ou qu'un froid de plus de 20 degrés pourrait faire craindre que la température de l'eau s'écoulant continuellement fût insuffisante pour préserver de la gelée le tuyau renfermé dans la borne. Ce tuyau se décharge alors de l'eau qu'il contient par le seul effet de la fermeture du robinet.

II° Appareil contre l'incendie du théâtre. — Indépendamment de huit bornes-fontaines qui, à une distance très-rapprochée, entourent la salle de spectacle, et outre une prise d'eau directe, pratiquée au moyen d'un regard sur le tuyau de 19 centimètres passant devant la façade, il a été établi, l'année dernière, dans

---

(1) Des 101 bornes actuellement posées, dont 90 dans l'intérieur de la ville et 11 dans les faubourgs, 40 ont leur écoulement dans les aqueducs, 6 dans le lit de Suzon, dans l'Ouche ou dans les fossés de la ville, 28 dans les anciens puits des rues supprimés, et 17 dans des puits nouvellement construits ; 10 n'ont encore aucun moyen de décharge qui ne serait utile que pour cinq.

l'intérieur de cet édifice si exposé aux incendies, un appareil puissant destiné à fournir sur-le-champ l'eau nécessaire, si le feu venait
à y éclater. Dans le vaste souterrain au-dessous de la scène, deux
tuyaux horizontaux s'embranchent à angle droit sur la conduite
de la rue de la Monnoye longeant à l'est le bâtiment, et en tra-
versent toute la largeur (1); deux autres tuyaux perpendiculaires
s'élevant sur le tuyau horizontal d'avant-scène, et un troisième
sur celui du fond, portent par un simple effet de siphon l'eau
jusqu'au-dessus des cintres des fenêtres du premier étage, c'est-
à-dire à environ la moitié de la hauteur de la salle (2). Sur
le théâtre, des boyaux adaptés à ces tuyaux verticaux, et ar-
més de lances de pompier, permettraient de répandre sur la scène
et sur les décorations que l'on y renverserait, en coupant leurs
attaches, une masse d'eau considérable qui éteindrait aussi le
feu des parties inférieures contenant les machines. A l'extrémité
supérieure des tuyaux ascendants, se trouvent des bassins en
cuivre, accessibles par des ponts de service, et dans lesquels on
puiserait à la main l'eau, qu'à l'aide de seaux ou de pompes on
lancerait sur les frises et sur les supports fixes des décorations.
Enfin, d'autres pompes dont les tuyaux aspirants plongent dans
les bassins dont il vient d'être parlé, n'ont qu'à porter à 5 mètres
de hauteur seulement l'eau dans deux réservoirs, chacun d'une
capacité de plus de 36 hectolitres, établis dans les combles pour
la garantie de la charpente, et qui auparavant ne pouvaient être
alimentés que par l'eau d'un puits qu'il fallait élever, à l'aide
d'une pompe mue par 12 hommes, à plus de 23 mètr. de hauteur.

---

(1) Il a été pratiqué une porte de communication entre l'aqueduc de la
rue de la Monnoye et ce souterrain, en sorte que l'on pourrait toujours y
arriver sans danger, même pendant le plus violent incendie.

(2) Ou à onze mètres 40 centimètres au-dessus du niveau du pavé devant
la colonnade; ce pavé étant de 5ᵐ939 en contre-bas du fond du réservoir
qui, comme on l'a dit plus haut, note XXIII, § 3, comporte déjà une
charge d'eau de 5 mètres 461 mill.

La fermeture du robinet de prise d'eau sur la conduite de la rue de la
Monnaye, produit en même temps la décharge dans un puits perdu, de toute
l'eau des tuyaux de l'intérieur de la salle.

III° Jet d'eau de la place St.-Pierre. — Le bassin circulaire de la place Saint-Pierre a vingt-sept mètres de diamètre intérieur sur soixante-dix centimètres de profondeur. Au centre, existe un tambour qui dépasse à peine le niveau de l'eau, et auquel s'adaptent deux appareils dont on fait alternativement usage : l'un composé d'un ajutage de 5 centimètres de diamètre donne issue à un jet unique de 13 mètres 25 centimètres de hauteur, et l'autre consistant dans un orifice de 0m,0157 de diamètre, autour duquel sont disposées sur deux cercles concentriques seize ouvertures légèrement inclinées, dont huit de 0m,0105 de diamètre et huit de 0m,0092 de diamètre, produit une gerbe ou *girande* qui débite 1121 litres 20 cent. par minute.

La charge d'eau, qui détermine ces jets, s'exerce sur une longueur de 1617 mètres 55 centimètres jusqu'au pavillon aval de l'aqueduc apparent, et se compose des hauteurs suivantes, formant environ une atmosphère et demie :

Charge d'eau sur le fond du réservoir (note **XXIII**). 5,461

Pente entre ce fond et celui du bassin. 10,033

Dès-lors en tout de. 15,494

IV° Lavoir. — Le tiers environ de l'eau du bassin de la place St.-Pierre, conduit par des tuyaux souterrains au pied du rempart, alimente un élégant lavoir construit en 1841, et contenant 48 places.

V° Poteau d'arrosage. — Du côté opposé et à l'entrée de la promenade du cours du Parc, il a été posé en 1843 un poteau en fonte destiné à remplir en quelques minutes les tonneaux placés sur des voitures, avec lesquels on arrose pendant les chaleurs la place et la promenade.

Tous les appareils ci-dessus décrits ne suffisent pas, même en été, lorsque trois fois par jour, et pendant une heure chaque fois, les bornes-fontaines sont ouvertes, pour consommer la quantité d'eau fournie par la source ; une portion fort considérable n'en continue pas moins de s'écouler par l'aqueduc de décharge qui la conduit au Jardin botanique.

TEL est l'état de choses actuel ; voici ce qui reste encore à faire pour la complète exécution du plan :

1° Dix bornes-fontaines seront encore placées le printemps prochain dans l'intérieur de la ville et cinq ou six dans les faubourgs, ce qui portera le nombre de celles *intrà-muros* à 100 et des autres à 16 ou 17 ;

2° Dans le cours de l'année, on établira 9 bornes-fontaines dans les trois casernes, la prison militaire et la manutention des vivres (7 sont déjà posées) ; 2 ou 3 au Collége royal, et 5 ou 6 à l'Hôpital général ;

3° Sur la rampe de la plate-forme de la porte Guillaume, on fera déverser par une cascade apparente le trop plein des eaux destiné au Jardin botanique (*suprà*, note XXIII, § 1er) ;

4° Tout en conservant le puits artésien de la place Saint-Michel, dont l'eau ne peut être amenée à la surface qu'à l'aide d'une pompe, on adaptera au piédestal actuel deux ou trois jets continus des fontaines (note VII) ;

5° Deux lavoirs pareils à celui de la porte St.-Pierre, et un abreuvoir pour les chevaux, seront construits à la Porte-Neuve et à la porte Saint-Nicolas ;

6° Un second réservoir pareil à celui de la porte Guillaume, avec lequel il sera en communication par le prolongement bifurqué de la conduite de 35 centimètres, devra être établi sur le tertre au levant du clos de Montmusard, afin de parer aux éventualités des réparations de l'aqueduc et des fractures de tuyaux (note XXIII) ;

7° On procédera au curage du lit de Suzon qui traverse la ville, et à l'établissement d'un aqueduc régulier, sous le rapport de la direction et de la pente, dans le canal sinueux et mal nivelé qui le forme aujourd'hui (note V).

Plus tard, on aura à élever des fontaines monumentales aux portes Neuve, Saint-Nicolas, des Godrans, Guillaume et d'Ouche (1), ainsi que sur les places royale, des ducs de Bour-

---

(1) Le 17 septembre 1843, lors de la pose par M. le duc de Nemours de la première pierre du viaduc de la porte d'Ouche destiné au passage du che-

gogne (1), St.-Etienne ou du Théâtre, Charbonnerie, des Cordeliers, St.-Jean, du Morimont, et St.-Benigne.

Enfin, on pourra encore, d'une part, établir dans le bassin

---

min de fer de Paris à Lyon, on improvisa en quelques heures, sur la petite place à la jonction des rues St.-Philibert et Porte-d'Ouche, au moyen d'un ajutage placé dans le centre d'un bassin de rocailles et de gazon, un jet d'eau qui, au moment de la cérémonie, s'élança à la hauteur du toit de la maison à deux étages qui fait face à la porte.

(1) On émet ici le vœu que sur la place à laquelle un arrêté municipal du 27 décembre 1843, approuvé par ordonnance du roi, le 26 février suivant, a donné le nom de *Place des ducs de Bourgogne*, on élève bientôt une fontaine monumentale à la mémoire des princes qui, pendant plus d'un siècle (de 1363 à 1477), ont gouverné avec sagesse et éclat notre pays.

On la décorerait des statues :

De ce PHILIPPE qui avait gagné à la funeste bataille de Poitiers, le surnom de HARDI qu'il justifia encore en Artois, en Picardie, en Champagne et à Rosbeck ;

De JEAN-SANS-PEUR, si courageux à Nicopolis, à l'Ecluse, à Maëstricht, et si grand dans les prisons du Soudan que lui ouvrit, par d'énormes sacrifices, l'affection de ses peuples ;

De son fils PHILIPPE, protecteur éclairé des lettres et des arts, auquel le duché et le comté de Bourgogne durent la rédaction de leurs coutumes, et qui mérita le noble titre de BON par sa clémence envers ses ennemis, et par la générosité de son caractère ;

Enfin de CHARLES-LE-TÉMÉRAIRE, le héros malheureux de Granson et de Morat, et dont la mort qui ne manqua ni de gloire, ni de regrets, même de la part de ses farouches ennemis, opéra la réunion définitive de notre province à la France.

L'emplacement indiqué serait, au reste, d'autant plus convenable pour l'érection de ce monument, qu'il forme une partie des jardins du palais, où Marguerite de Flandres, épouse du premier duc, avait déjà fait établir, en 1387, un vaste bassin d'eaux vives, avec de somptueuses étuves, et que, par une heureuse situation, il se trouve précisément au devant de l'antique salle des gardes, ornée des tombeaux si précieux de Philippe-le-Hardi, de Jean-sans-Peur et de Marguerite de Bavière, sa femme ; au pied de la tour élevée sur la fin du 14e et au commencement du 15e siècles, pour surveiller la campagne et prévenir les surprises de l'ennemi ; non loin de l'ancien donjon auquel Réné d'Anjou, duc de Bar, qui y fut renfermé avant de monter sur le trône de Naples, donna le nom qu'il porte aujourd'hui ; en face de cette fameuse horloge de Jacques Marc, enlevée en 1382 par Philippe-le-Hardi,

du Jardin botanique un jet d'eau qui s'élèvera à près de quinze mètres (1), et d'un autre côté, conduire aux deux ronds-points des promenades du Cours et du Parc, pour y former des gerbes, une portion d'eau prise, soit sur le tuyau alimentaire du jet de la place St.-Pierre, soit dans le trop plein du bassin (2).

Voilà, sans parler même des concessions moyennant redevances déjà faites à l'administration de la guerre (3) et à M. Lacordaire (4), ainsi que de celles qui sont en ce moment sollicitées par des établissements publics et industriels ou par de simples particuliers (5), le parti que l'on a tiré jusqu'à ce jour, et que l'on se

---

lors du sac de Courtrai ; en un mot, dans la partie de la ville où sont groupés les seuls monuments qui, avec le curieux puits de la Chartreuse de Champmol, nous restent de ces fameux *ducs d'Occident* dont la puissance, non moins respectée que celle d'aucune monarchie contemporaine, s'étendait des Alpes à la mer du nord.

(1) La pente entre le fond du réservoir et le sol de ce jardin est de 11 mètres 753 millimètres, à quoi il faut ajouter la charge d'eau de 5 mètres 461 mill. déterminée par le déversoir du pavillon amont, ce qui fait une hauteur de 17 mètres 214 millim. capable de produire un jet de 14 mètres 72 cent. d'après la proportion obtenue pour celui de la place St.-Pierre.

(2) La différence de niveau entre la surface de l'eau de ce bassin (0^m70 en contre-haut du fond) et le centre du rond-point du Cours, distant de 864 mètres, est de 6^m27 ; si on y réunit celle de 14^m794 entre cette surface et le déversoir régulateur, on a une charge totale de 21^m064 ; en sorte que le jet d'eau pourrait s'élever à 18 mètres ; la distance entre ce même bassin et le centre du rond-point du Parc, est de 1,907 mètres.

(3) Par acte du 22 février 1844, pour 20 ans, moyennant mille francs par an.

(4) Aux termes des délibérations du Conseil municipal des 15 avril et 11 mai 1839, cette concession, aussi pour 20 années, est d'un pouce et demi de fontainier ou 20 litres par minute. Le prix en a été réduit au dixième de celui des autres concessions, à titre de prime pour la construction du quartier St.-Bernard, l'un des plus remarquables embellissements de la ville, que M. Lacordaire, aujourd'hui adjoint municipal, se proposait alors d'entreprendre, et qu'il a depuis complétement réalisée.

(5) Il a été, avec beaucoup de raison, posé en principe par une délibération du Conseil municipal du 8 août 1844, « qu'aucune concession d'eau » ne sera accordée gratuitement à aucune autorité et à aucun établissement

propose de tirer par la suite de la dérivation de la belle source
du Rosoir. Et lorsque l'on pense que les travaux établis avec
le plus grand soin dureront des siècles, et n'entraîneront qu'une
faible dépense annuelle d'entretien et de surveillance , combien
ne doit-on pas se féliciter de la préférence donnée à un semblable

---

» public, communal ou autre, sous quelque prétexte et par quelque motif que
» ce soit. » La même mesure a été prise à Toulouse par une délibération du 26
juillet 1826, ainsi conçue : « 1° Il ne sera fait aucune concession des eaux de
» la ville, qu'aux prix qui seront ultérieurement fixés. — 2° En conséquence,
» toute concession à titre gratuit , tout don, toute permission ou tolérance de
» prise d'eau sur les conduites de la ville est et demeure interdite , tant à
» l'égard des particuliers que des établissements publics, palais, hôtels,
» etc; » dispositions que les rédacteurs des *Annales des Ponts et Chaussées* approuvent hautement en ces termes : « Nous félicitons les fondateurs
» de cette œuvre de ville d'avoir eu la sagesse de vouloir qu'il n'y eût *point
» de concession gratuite....* »

On peut voir dans les *Recherches sur les eaux publiques de Paris*, par
M. Girard, 1812, les luttes que l'autorité a eu à soutenir et souvent avec
peu de succès pour remédier aux abus qui s'étaient introduits dans la disposition de ces eaux. Les concessions gratuites, faites en divers temps à des
personnes puissantes, à des magistrats de la cité pour des services réels ou
prétendus, à des communautés religieuses, à des colléges ou à d'autres établissements, les avaient tellement épuisées, que les fontaines publiques en
manquaient complétement. Créé avec le produit d'un impôt onéreux prélevé
sur tous les citoyens, un pareil établissement doit tourner au profit de tous,
soit en procurant également à chacun un élément d'une si indispensable utilité,
soit en assainissant et embellissant les rues, les places et les promenades, soit
en fournissant une ressource qui atténue d'autant les charges communes. A
Rome , la distribution de l'eau était non-seulement un objet d'utilité et
d'agrément pour les habitants, mais aussi une branche importante des revenus de la cité ; les redevances que les maisons de particuliers et même les
bains et établissements publics, payaient annuellement pour son usage sous
les noms de *vectigal ex aquæductibus*, ou de *vectigal formæ*, étaient d'abord
employées aux dépenses d'entretien des conduits, des châteaux d'eau et des
fontaines. *Undè*, dit Frontin , *et omne plumbum et omnes impensæ adduc-
tus et castella et lacus pertinentes erogantur.* D'après l'opinion de M. Dureau
de la Malle , l'eau était *chèrement vendue aux riches et voluptueux habitants*
de la capitale du monde ; les seuls jardins et villas payaient 250,000 sester-
ces (environ 65,000 fr.) par an. Selon cet auteur, le produit total des
concessions ne s'élevait pas à moins de 1,244,000 fr. par an.

projet sur ceux proposés antérieurement (1), et dont les seuls exécutables consistaient dans l'élévation de l'eau, au moyen de machines hydrauliques d'une construction dispendieuse, d'un entretien ruineux, d'une courte durée et d'un effet incertain et discontinu? « Cette perspective de longue durée, insignifiante pour un particulier, dit le savant auteur de l'ouvrage sur les eaux de Lyon, déjà plusieurs fois cité, ne saurait l'être pour une ville.... Un homme peut bien se mettre au-dessus du souci de ce qui arrivera dans son héritage, au bout d'un demi-siècle, parce qu'alors il n'existera plus ; mais une ville n'a pas une existence bornée : c'est un être qui ne meurt pas, et qui doit calculer ce que deviendra un établissement ou un service quelconque, après deux ou trois cents ans, comme après 15 ou 20 années. — La profondeur à laquelle est placé l'aqueduc de dérivation, n'est point indifférente non plus ; car elle assure la non interruption de cet important service, en le préservant des chances si diverses auxquelles sont exposées toutes les constructions établies à la surface du sol. Rome qui fut si souvent prise et saccagée depuis l'invasion des Barbares jusqu'aux dernières guerres d'Italie, jouit encore d'une grande partie des eaux jaillissantes dont l'ornèrent ses consuls et ses empereurs (7,500 pouces, ou 150 millions de litres).... Supposez que, pour fournir à ce luxe d'irrigation, on se fût servi..... des eaux du Tibre, extraites par de puissantes machines, combien de fois de semblables établissements n'eussent-ils pas été détruits pendant ces affreuses périodes, où Rome passa par le fer et par le feu de ses implacables vainqueurs ? — Abstraction faite de ces grandes vicissitudes sociales, n'y a-t-il pas une foule de circonstances qui peuvent interrompre momentanément un service de fourniture d'eau fondé sur l'em-

---

(1) Si malheureusement un de ces projets insuffisants et vicieux eût été anciennement exécuté, on n'aurait jamais entrepris de lui en substituer un autre plus convenable, et peut-être, à perpétuité, la ville eût été privée d'une amélioration immense. Souvent en administration, il vaut mieux ne rien faire que de faire incomplètement. L'excès du mal ou la privation absolue amènent alors une réforme ou un établissement qu'un état de choses moins intolérable, quoiqu'essentiellement mauvais, aurait empêchés.

ploi des machines , et jeter ainsi subitement la perturbation au
sein d'une cité, dans laquelle il faut soigneusement éviter toute
cause de juste mécontentement de la part des classes laborieuses,
si faciles à s'irriter.—M. Mallet, ingénieur en chef des eaux de
Paris, écrivait à l'administration d'une ville qui balançait entre
l'emploi de roues hydrauliques mues par une chute, et la création de machines à vapeur : « Je vous félicite de ce que la na-
» ture a fait pour vous, en vous donnant un moteur qui ne se
» repose jamais , et qui vous livre continuellement son action
» pour rien , vous demandant seulement, et une fois pour
» toutes , de le bien disposer. » — M. Borgnis dit également
dans son *Traité des Machines hydrauliques*, f. 144 : « Toutes
» les fois que l'on peut recueillir une quantité d'eau suffisante
» pour les besoins d'une ville, et que l'on a la faculté de la
» conduire immédiatement par des canaux sur un point assez
» élevé pour qu'elle soit de là distribuée dans tous les quartiers,
» on doit employer ce moyen ; il doit même être préféré à celui
» des machines, quand il serait plus coûteux : car les machines
» sont indispensablement sujettes à de grandes dépenses d'en-
» tretien , de réparation et de renouvellement ; et souvent des
» accidents imprévus les rendent inactives.... » (1)—Je ne puis

---

(1) Même opinion de la part de M. Emmery, ingénieur en chef des eaux
de Paris, dans une brochure sur les *concessions des eaux* de cette ville
(1833 , in-8° de 42 pages). « Comment, dit-il page 7, ne pas entrevoir de
» danger à substituer à une alimentation naturelle une alimentation artifi-
» cielle; à remplacer par des machines, par un emploi journalier de com-
» bustible un écoulement qui résulte de la seule pente d'un bassin supé-
» rieur... ; n'est-ce pas changer une position stable et immuable contre une
» existence précaire?... Qui peut répondre que des circonstances ou des
» nécessités impérieuses ne forceront pas un jour de restreindre ces chiffres
» élastiques d'un budget ; peut-être de laisser dépérir, et puis de ne plus
» renouveler une partie des machines, parce que la ville aura été condam-
» née à faire des économies, parce que des administrateurs plus ou moins
» éclairés porteront plus ou moins d'intérêt à ces soins sanitaires, parce
» qu'ils croiront devoir faire passer d'autres projets, d'autres dépenses en
» première ligne. Non , ce n'est point une création suffisamment consolidée
» et qui ne laisse aucune inquiétude qu'un écoulement d'eau, s'il est
» fondé sur des dépenses annuelles de machines et de combustible.... »

m'empêcher de regarder comme une chose fâcheuse, que la bonté d'un service public qui se rapporte à l'alimentation humaine, dépende du plus ou moins d'attention et d'habileté des hommes préposés à sa surveillance. Je sais combien, dans les grandes administrations, on est ingénieux à invoquer des accidents imprévus et des événements de force majeure, pour colorer la négligence des employés chargés de faire fonctionner des machines. Et s'il y a un choix à faire entre des moyens *naturels* et des moyens *artificiels,* pour obtenir les mêmes résultats, par exemple, la limpidité et la fraîcheur d'une eau potable, et le transport de cette eau à une certaine élévation, je n'hésiterai pas à donner la préférence aux premiers, l'art ne devant remplacer la nature qu'autant qu'elle nous fait défaut. — Il en est, d'ailleurs, des villes comme des familles : elles ne se soutiennent pas toujours au même point de splendeur. Tant qu'elles sont en voie de prospérité, et qu'elles jouissent de revenus considérables, leurs besoins sont facilement satisfaits : on s'empresse à les servir, et tout concourt à leur bien-être. Mais que des jours malheureux arrivent à leur tour, soit par des discordes intestines, soit à la suite de fléaux dont notre faible humanité ne sera jamais exempte, tels entre autres, que ces terribles épidémies dont la nature a gardé le secret ; alors les ressources communales sont bientôt épuisées, les machines se détruisent sans être remplacées, les services publics s'arrêtent, la population souffre et se disperse. **Des siècles sont ensuite nécessaires pour épuiser les rigueurs de la fortune, pour ramener l'aisance, et pour créer de nouveau les établissements indispensables à toutes les agglomérations nombreuses des personnes.** »

Le jeu des grandes eaux de Versailles est sans doute l'un des plus magnifiques spectacles auxquels on puisse assister. Rien ne prouve mieux l'empire du génie de l'homme sur les éléments qu'il sait asservir à ses besoins et à ses plaisirs que les cent jets du bassin de Neptune qui, selon toutes les directions, élèvent dans les airs une masse d'eau dont il est difficile de se faire une juste idée ; mais lorsque l'on remarque que cette scène imposante s'évanouit en quelques minutes, qu'elle ne peut se renouveler que deux ou trois fois dans l'année ; que, préparée seulement pour l'agrément des yeux, elle ne satisfait à aucun besoin réel ; que l'établissement des appareils qui la produisent a coûté des sommes énormes auxquelles il faut ajouter des dépenses d'entretien et de service considérables (1); on ne peut s'empêcher de préférer à cette vaine et ruineuse création du grand Roi, celle beaucoup moins dispendieuse, infiniment plus durable et mille fois plus utile que les habitants de Dijon doivent au talent et au patriotisme d'un de leurs généreux compatriotes. *Nisi utile quod facimus, stulta est gloria.*

Aussi, en empruntant les trop modestes expressions de son savant collègue de Toulouse (M. d'Aubuisson), avec lequel, comme habile ingénieur, comme créateur d'une œuvre admirable, et comme membre de l'administration municipale qui l'a fait exécuter, il a tant de rapports, M. Darcy, fier à juste titre du service important qu'il a rendu à son pays, est fondé à dire :
« Peut-être sera-t-il permis aux administrateurs qui, par leurs
» soins, leur perseverance et leur économie, ont amené un tel
» résultat, de penser qu'ils ont fait quelque bien à leurs conci-
» toyens, et qu'ils ont rempli une partie de la tâche qui leur
» était imposée. »

<hr>

L'objet des notes qui précèdent étant principalement de compléter et d'éclairer le rapport, elles ont dû être placées dans l'ordre des passages auxquelles elles se rapportent; mais pour en faire saisir l'ensemble et en montrer la liaison, on présentera ici d'une manière méthodique et suivie l'analyse des maté-

---

(1) « Demandez à M. Bontemps, dit un auteur de Mémoires de l'époque,
» combien le jardin de Versailles a coûté au Roi, il vous dira que.... la
» conduite des eaux coûte 45 millions en comptant le canal de Maintenon ;
» que la dépense de l'artifice qui les fait jouer ne va pas à moins de cent
» mille écus par an ; et qu'enfin la seule plomberie a coûté plus de dix-huit
» millions... »

riaux qu'elles renferment. Ce sera comme la carte d'assemblage d'un atlas.

PREMIERE PARTIE.

HISTORIQUE DE L'ÉTABLISSEMENT DES FONTAINES.

§ 1. — OBSERVATIONS PRÉLIMINAIRES.

I° Influence de la qualité de l'eau et de la constance de sa température basse sur la santé publique (XXI). — Avantages d'une abondante distribution d'eau sous les rapports hygiénique et économique (XXVI, 1re note). — Utilité spéciale pour Dijon d'une masse d'eau considérable à l'effet de laver le cloaque qui traverse la ville (V).

II° Mauvaise qualité des eaux de puits de Dijon (IV). — Tentatives faites à diverses époques pour en procurer de la meilleure (XVIII). — Etablissement de fontaines sur plusieurs places et d'étuves; leur courte existence (IX). —Construction de puits sur la voie publique; leurs inconvénients; leur suppression (X). — Forage d'un puits artésien, résultats; dépense (VII).

Appréciation des divers autres projets proposés (XVIII). — Insuffisance des sources du territoire; leur diminution progressive de volume; leur nomenclature ainsi que celle des autres cours d'eau (IX). — Dérivation de la fontaine de Newon; inconvénients de ce projet (XVIII). — Elévation des eaux de l'Ouche au moyen de machines hydrauliques ou à vapeur (VIII et XVIII). — Supériorité des moyens naturels sur ceux artificiels ou mécaniques pour procurer de l'eau à une ville (XXVI, *in fine*).

§ 2. — ETABLISSEMENT DES FONTAINES ACTUELLES.

I° Dans la vue de remédier à la pénurie d'eau potable à Dijon, legs par l'abbé Audra, d'une somme importante destinée à l'établissement de fontaines publiques; termes de son testament (XII).

II° Etudes d'un projet par M. Darcy; il fait choix de la source du Rosoir indiquée par Sambin et signalée comme la

plus convenable par Chapus et Courtépée ; sa situation (VI) ;
son débit (VI, XVIII et XIX) ; moyen de l'augmenter par un
barrage transversal (XIII) ou par la réunion des sources de
Ste.-Foi en prolongeant l'aqueduc (XIX). — Abondance des
eaux de ce vallon qui est telle que l'on avait proposé de les employer pour la navigation (XIX).—Eloge du projet de M. Darcy
par le Conseil général des ponts et chaussées (XI). Ses immenses avantages (XXVI, *in fine*).

III° Adoption du projet par une délibération du Conseil municipal approuvée par ordonnance du Roi ; quantités d'eau à
laisser aux communes traversées par Suzon, et compensation dans
la découverte de nouvelles sources (XIII).

IV° Acquisition de la propriété-tréfoncière des terrains pour
l'établissement de l'aqueduc de dérivation ; nature et avantages
de cette espèce de propriété ; précautions prises contre les causes
de destruction ou de dégradation ; principales dispositions des
actes ; prix d'achat (XIV). — Expropriation de la source ;
texte du jugement et son application au terrain (XXII *en
note*) ; pourvoi en cassation de la commune de Messigny et son
issue (XV). — Divers procès que la ville a eu à soutenir sous
le nom de l'Etat contre cette commune, et en son nom contre plusieurs propriétaires d'usines (XV).

V° Adjudication des travaux de l'aqueduc de *dérivation* ; leur
commencement, leur durée (*Rapport*, *page* 9). — Prise de
possession de la source et arrivée des eaux à Dijon ; personnes
qui y assistaient (XVI).

Travaux de *distribution* dans l'intérieur de la ville ; leur commencement. — Pose de la première pierre du bassin de la place
St.-Pierre, et inscription commémorative (XVII). — Emploi
de l'aqueduc pour l'écoulement des eaux pluviales des rues ; historique des égouts à Rome, à Londres et à Paris (XXIV). —
Difficultés qu'a éprouvées l'exécution du projet de canalisation
du lit de Suzon dans l'intérieur de la ville (V).

VI° Quantité d'eau reçue à Dijon comparée à celles des
autres villes et particulièrement de Toulouse (XIX). — Sa qua-

lité; son analyse et sa température (XXI). — Éloge de l'opération par M. Terme, maire de Lyon et médecin distingué
(III).

VII° Concessions d'eau faites à des établissements publics et
à des particuliers (XXVI, *notes*). — Prohibition de toute concession gratuite (XXVI, *avant-dernière note*).

VIII° Dépenses de l'entreprise et ressources à l'aide desquelles
il y a été pourvu, sans qu'aucune autre partie du service en
ait souffert, quoique d'autres améliorations aient été exécutées en même temps (XX). — Emploi du legs de M. Audra
(XII, *note*). — Noble désintéressement de M. Darcy (II).

IX° Travaux restant à faire pour la complète exécution du
plan (XXVI). — Voies et moyens pour subvenir à la dépense
(XX).

DEUXIÈME PARTIE.

DESCRIPTION DES TRAVAUX D'ART.

Ces travaux comprennent deux systèmes :

La dérivation ou l'amenée à Dijon des eaux de la source
du Rosoir ;

Leur distribution dans la ville et leur mode d'emploi.

§ I. — DÉRIVATION.

Elle s'opère par :

La prise de la source du Rosoir ;

Et un aqueduc depuis cette source jusqu'à Dijon.

Description de l'ensemble de ces ouvrages :

I° Leur direction, — leur longueur, — leur nivellement.

II° Disposition de chacun d'eux, — leur dimension :

    1° Bassin de la source ;

    2° Portion de l'aqueduc sous Suzon ;

    3° Autre portion en aval de la précédente ;

    4° Ponts-aqueducs ;

    5° Portions de l'aqueduc en amont de ces ponts ;

    6° Partie apparente de l'aqueduc près le réser-
      voir ;

7° Puits adossé au réservoir et cascade ;

8° Surplus de l'aqueduc.

III° Ouvrages et dispositions accessoires :

1° Chutes dans l'aqueduc ;

2° Regards de service ;

3° Pavillons ;

4° Dérivations de sources secondaires ;

5° Prises d'eau au profit des communes de Messigny, Vantoux et Ahuy ;

6° Appareils de jaugeage (XXII).

§ 2. — DISTRIBUTION.

Les moyens à l'aide desquels elle s'effectue consistent dans :

Un réservoir établi au point culminant de la ville ;

Des conduites souterraines ;

Et des appareils extérieurs placés dans les rues, places et promenades.

I° Réservoir près la porte Guillaume.

Il a la double destination de tenir en réserve une masse d'eau considérable et de donner les moyens de diriger et de répartir celle affectée aux divers services. — Des ouvrages en maçonnerie et des appareils de fonte le constituent :

1° Ouvrages en maçonnerie :

Puits central et édicule de couronnement ;

Double berceau de voûtes ;

Puits adossé ;

Aqueducs de décharge ;

Dimensions de ces divers ouvrages, — cube de maçonnerie, — prix.

2° Appareils en fonte :

Divers tuyaux et leur disposition,

Cuve de distribution ;

Tambour supérieur ; soupapes et bache.

3° Destination et jeu de ces divers ouvrages et appareils (**XXIII**).

II° **Conduites souterraines.**

L'eau sortant du réservoir est dirigée dans les divers quartiers de la ville et les promenades par des tuyaux de fonte placés soit dans des galeries ou aqueducs, soit simplement dans des tranchées :

1° Galeries ou aqueducs.

Ils servent tout à la fois à la distribution de l'eau des fontaines et à l'écoulement des eaux des rues.

Leur direction, leur longueur et leur pente ;

Leur largeur et leur mode de construction ;

Leurs accessoires :

Regards ;

Caveaux ;

Entrée principale ;

Bouches d'égout (**XXIV**).

2° Tranchées. — Leur profondeur ; leur longueur (**XXIV**, § 3, n° 1).

3° Tuyaux de fonte :

Diverses espèces, — diamètres, — épaisseurs, — longueur, — poids, — résistance, — quantité de fonte employée.

Accessoires :

Robinets ;

Cuves de distribution ;

Ventouses ;

Appareil de vérification (**XXV**).

III° Appareils extérieurs de distribution :

    1° Bornes-fontaines :

        Espacement, — forme, — dimensions, — poids, — mécanisme, — multiple destination, — débit, — accessoires.

    2° Appareil contre l'incendie du théâtre ;

    3° Bassin et jet d'eau de la place St.-Pierre ;

        Dimensions du bassin ; — charge d'eau et hauteur du jet, — ajutages.

    4° Lavoir.

    5° Poteau d'arrosage (XXVI).

Victor DUMAY, *Rapporteur.*

TABLE ALPHABÉTIQUE DES MATIÈRES.

Ordonnance royale qui autorise l'établissement des fontaines, 8 ; — autre déterminant la quantité d'eau à laisser aux communes de Messigny, Vantoux et Ahuy traversées par Suzon, 8, 32, 61.

Ouche (rivière d'—), sa situation, son débit, 30 ; — projet d'élévation de ses eaux, 5, 6, 19, 41, 42.

Pavillons sur l'aqueduc de dérivation, 60.

Pierre (pose de la première —) du réservoir, 9 ; — du bassin St.-Pierre, 40 ; — du viaduc de la porte d'Ouche pour le chemin de fer, 90.

Ponts-aqueducs, 11, 45, 57.

Poteau d'arrosage, 89.

Pouce d'eau, sa détermination, 41 ; — dépense pour l'élévation d'un pouce d'eau par une machine à vapeur, 42.

Procès sur la propriété de la source du Rosoir, 9, 10, 38 ; — avec les propriétaires d'usines en aval, 38 ; — avec les propriétaires riverains du canal de Suzon dans la ville, 16, 17 ; — expropriation de la source, 9 ; — jugement, 55 ; — pourvoi en cassation, 9, 38 ; — décision du jury, 9.

Prony (M. de —) approuve le projet de M. Darcy, 8 ; — son *double module d'eau*, 41.

Propriété tréfoncière du sol de l'aqueduc ; sa nature, ses avantages, 33.

Proudhon ; sa doctrine sur la propriété tréfoncière, 36 ; — renvoi à son *Traité du domaine public*, 38.

Puits du réservoir ; — central, 62, 64 ; — adossé, 58, 64.

Puits sur la voie publique ; insalubrité et inconvénients, 6, 14, 15, 25 à 29 ; — leur suppression, 29 ; — conversion en puisards, 30, 87.

Puits artésien, 6, 19 ; — élévation de ses eaux, 42 ; — jets de fontaines à y adapter, 19, 90.

Regards des aqueducs de dérivation, 59 ; — de distribution, 79 ; — de décharge, 65.

Réservoir de la porte Guillaume, 11, 62 à 67 ; — projet de cascade au-devant, 65 ; — second réservoir à construire, 68, 90.

Rheims, monument de sa reconnaissance pour l'abbé Godinot, 32 ; — essai des tuyaux de ses fontaines, 82.

Robinets-vannes, 66, 82 ; — robinets *à boisseau*, 83.

Rome, quantité d'eau de ses fontaines, 43, 44, 94 ; — ses revenus par des concessions d'eau, 93 ; — ses aqueducs et égouts, 69, 70 ; — mesures de police contre la dégradation de ces ouvrages, 34, 35.

Rosoir (fontaine du —). Etymologie, 18 ; — sa situation, 7, 18 ; — son analyse et son excellente qualité, 31, 32 ; — égalité de sa température, 31 ; — son débit, 18 ; — son éloge par Sambin, Chapus, Courtépée, 5, 17, 18 ; — pierre supposée exister sur son orifice,

FIN DE LA TABLE.